2000人の大家さんを救った司法書士が教える

賃貸トラブルを防ぐ・解決する安心ガイド

超現場主義の司法書士
太田垣 章子
Ohtagaki Ayako

日本実業出版社

賃貸経営に携《たずさ》わるすべての方へ。

大崎くんもアパート経営をはじめたんだよね
そうなんですよ去年ついに建てました！
でも まだ空室があって不安で…
銀行からお金を借りて建てたのではやく埋まってほしいです
何戸ほどなの？
全部で4戸。そのうち3戸も空室のままです
空
空
空

月の家賃と管理を考えるとうぅ…はやく何とかして埋めないとっ！
空室は不安ですよね…。でも焦らないほうがいいですよ
僕はもう30年以上も賃貸経営をしているけど、慌てていいことは何もなかったよ
でも…
満室よりも「いい入居者」を見極めることのほうが大事だと気づいたんだ
若い頃は慌てて入居者を決めてしまったことがあったけどその後…
どうぞ
……
私たち管理会社も空室が続くと焦りますからねえ〜
大家の性ですね

バタバタっとすぐに入居が決まって喜んだのもつかの間 実はその入居者が家賃滞納の常習者！電話は出ないし訪ねてもいつもいない
あの…だいぶ家賃が…
……
……
ついには裁判にまでなって余計にお金がかかってしまった。心労もひどかったし…
えー
いやぁ…いろんな入居者の方がいらっしゃいますよね 以前、部屋や廊下を汚す人がいて対応に苦労しました
みなさんいろいろ苦労を抱えていますねえ
トラブルとの闘いですね！
えっあなたは？
賃貸経営は新人でもベテランでもリスクがつきものです
シュル…
予期せぬトラブルがポコポコ出てきます
空室
夜逃げ
滞納
契約
放尿
etc

でもね…！
賃貸経営で武器になる知識
ピコッ
トラブルは「知識」という名のハンマーで撃退できます！
申し遅れました…
初めまして！
司法書士の太《おお》田《た》垣《がき》章《あや》子《こ》です！
2000件のトラブルを解決してきた本書の著者です！
知識を武器にしていただくために、
本書では次のことを…
空室
環境を整えれば、いい入居者をゲット
滞納
督促方法から、法的手続き移行のタイミングまで
人的トラブル
即応マニュアルから、退去への移行まで
解説します
こうして3人は、賃貸トラブルの予防策と解決法を知るために(半ば強引に)本書のページをめくることになったのである──

はじめに

司法書士が簡易裁判所の訴訟代理権を取得し、法廷に立てるようになって約15年。多くの司法書士が借金の過払いなどの債務整理業務に従事するなか、私はご縁があって賃貸物件のトラブルを専門にやってきました。
そのすべてが家主（大家）さん側の代理人で、悪質賃借人《ちんしゃくにん》の追い出し手続きです。

どうしたら裁判業務の初心者が、弁護士の先生に勝てるのだろう。
考えた末、私はスピードを重視しました。１日でも早く解決できれば、家主さんたちに喜んでもらえると思ったからです。そのために現場へ何度も通い、トラブルの調査をし、訴訟と並行して賃借人と退去の交渉もしてきました。その数、延べ２０００件以上。

現場ではたくさん怒鳴られました。帰り道、悔し涙も流してきました。何度もやめようと思いました。しかし、賃借人の方とより深く関わったことで、早期解決をすることができました。またトラブルのある物件を誰よりも見てきたので、ダメ物件の共通点がわかり、それをお伝えすることで空室が埋まったりトラブルがなくなったりして、家主さんに喜んでもらうこともできました。

ありがたいことに、口コミで少しずつ相談件数も増えていき、「賃貸トラブルの現場なら誰よりも知っている」と胸をはって言えるようになりました。

家主さんが、交渉の仕方を知っていればトラブルを避けられたのに、入居審査のポイントがわかっていれば悪質入居者を入れずにすんだのに、そう悔しく思うことがたくさんあります。現場の相談を誰にしていいのかわからなかった、そんな声も聞きます。

そこで本書では、今まで携わってきた実例とともに、可能な限り予防策や解決法を具体的に解説しました。法律論だけではない、すべて現場で得てきたノウハウです。

家主さんだけでなく、賃貸経営に携わるすべての方に読んでいただき、一助となれたらこんなに嬉しいことはありません。

司法書士　太田《おおた》垣章子《がきあやこ》

2000人の大家さんを救った司法書士が教える

賃貸トラブルを防ぐ・解決する安心ガイド　目次

第1章

賃貸トラブルに巻き込まれないための基礎知識

第2章 最初が大切！不要なトラブルを防ぐ審査の方法

第3章
もう悩まない！滞納トラブルの予防策と解決法

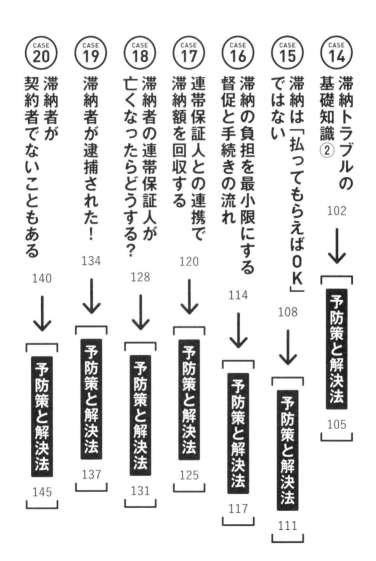

第4章 知れば安心！ 想定外トラブルへの対処法

第5章 リスクを回避！オフィス・店舗物件管理のポイント

●カバーデザイン／藤塚尚子（ＩＳＳＨＩＫＩ）
●本文デザイン／斎藤 充（クロロス）
●漫画脚本・コマ構成／ＨＯＰＢＯＸ
●作画／岡田真一
●著者エージェント／アップルシード・エージェンシー

第1章

賃貸トラブルに巻き込まれないための基礎知識

CASE 1

「空室」と「滞納」、リスクが高いのはどっち!?

滞納常習者が喜ぶゼロゼロ物件

「敷金・礼金ゼロ」の、いわゆる「ゼロゼロ物件」というものがあります。

家主さんにとってはお得感がありませんが、賃借人（部屋を借りる人）にとっては初期費用を安くできるので好都合です。しかし、家主さんにとっては困ったケースがあります。

ここでご紹介するのは、そんな困ったケースのご相談です。

賃借人は、入居から一度も家賃を支払っていません。

この**物件は2か月のフリーレント（一定期間、家賃が発生しないこと）付き**。しかも**ゼ**

ロゼロ物件でした。滞納当初は、「家賃入金のスタート時期がわからないのかな」と思い、督促状《とくそくじょう》に「〇月〇日でフリーレントが終了し、家賃が発生しておりますので」と記載していたそうです。それでもなお、振込みがありません。

入居から5か月、いくら督促をしても反応がなかったので、家主さんは、私のところへ明け渡し手続きのご依頼にいらっしゃいました。

入居者の必要書類を確認すると、「あれっ、この名前、どこかで見たことある……」と胸騒ぎがしました。

何年も明け渡しの手続きをしていると、同じ滞納者の手続きを担当することがあります。**入居直後から家賃の支払いをしない賃借人は、滞納の常習者と思って間違いない**ので、その場合は、早い段階から現場へ調査に行きます。**滞納常習者は、手続きの引き伸ばし策を知っている**ことがほとんどなので、それを少しでも避けるためです。

内容証明郵便を送った後、すぐに物件へ足を運びました。

チェックすべきは、郵便ポストです。**滞納の常習者は、他にも借金がある場合がほとん**

どだからです。

予想通り、郵便物があふれるほどポストがいっぱいになっていました。実際にこの滞納者のポストには、消費者金融各社からの督促状が数通入っているようです。さらに法律事務所からの封筒も見えました。他にも法的手続きを取られていることが推測できます。また、滞納者の玄関のドアには、ポコポコとへこみがありました。位置やへこみ具合からすると、グー（拳）で殴られたような跡です。おそらく督促に来られた消費者金融の方が、ドアをパンチしたのでしょう……。

この状況からすると、金銭的にかなり追いつめられていることがわかるので、手続きを最短で行なわないと、家主さんの負担がどんどん増えていってしまいます。

何度か交渉を試みましたが、滞納者とは接触できませんでした。一方、部屋の明け渡し訴訟の判決が出るまでは、比較的スムーズに進みました。

明け渡し強制執行の日、執行官が呼び鈴を鳴らすと、本人がドアを開けました。

そして開口一番に出た言葉が、**「断行いつ？」**でした。

滞納者は「断行」という業界用語を知っていました。

強制執行は、通常2回に分けて行ないます。

1回目は部屋の中に立入って「○月○日○時までに退去しなさい」とアナウンスし、公示書を部屋の目立つ場所に貼ります。これを「催告」と言います。そして公示書で宣言した日時に、部屋に立入り、滞納者の荷物を出し、鍵を換えて終了です。これが「断行」です。

この言葉を知っているということは、何度も経験しているのでしょう。部屋の中には引越してから開けていないと思われる段ボールの箱もありました。さらに……**滞納者の顔を見て、思い出しました。3年ほど前に、明け渡しの手続きをした相手でした。**

最終的に賃借人は、断行の直前に、こう言い残して、任意退去していきました。

「またゼロゼロ物件に引越し決まったからさ」

悲しいことに、滞納者からすると、初期費用が極端に安いゼロゼロ物件は、転居先にもってこいのようです。

CASE 1

予防策と解決法

空室が続くと、条件を下げてでも何とか入居者を見つけたいという気持ちが芽生えると思います。しかし、**ゼロゼロ物件で、いい入居者を確保することは難しい**のです。

初期費用をおさえて転居できる物件は、経済的に余裕がない人が借りる確率が高まり、入居後のトラブルも発生しやすくなります。せっかく入居者が決まっても、滞納がはじまれば、「家賃収入がない」「退去してもらうのに費用がかかる」という悪循環に陥ります。

条件を下げるのではなく、「入居したい」と思われる物件にすることが大切です。

また、ゼロゼロ物件を急いで借りようとしている賃借人はさらに要注意です。今の住まいを、滞納などで追い出されそうになっている可能性が高いからです。

ゼロゼロ物件は、初期費用が安いため、すぐに入居希望の申し込みが増えますが、入居希望者に鍵を渡すときは慎重になりましょう。入居希望者に鍵を渡すのは、賃貸借契約が完了して、かつお金も入ってからです。その前に鍵を渡してしまうと、賃貸借契約完了前に必要書類の提出もずるずると引き延ばされることがあるからです。**どれだけ急かされたとしても、鍵を渡すのは最後の最後**です。

どうしてもゼロゼロ物件にする場合は、必ず、入居審査を厳しい目で行ないましょう。「なぜ今回引越しをするのか」「どうしてこの物件なのか」「今住んでいる物件はどこで、価格帯はどうなのか」「広さはどれくらいなのか」など、しっかり確認します。人は何らかの理由がなければ、引越しをしません。転居作業だけでなく、さまざまな手続きも必要になり、面倒だからです。入居希望者の**「引越しの理由」に納得できるかどうか、ここを見極めることが重要**です。

POINT

- **ゼロゼロ物件に急いで入居を希望する人は、「滞納の常習者」と疑う**
- **入居直後から滞納がある入居者には、すぐに法的手続きをとる**
- **条件を下げるのではなく、「選んでもらえる物件」を目指す**

CASE 2

賃貸併用住宅で大切な最初の心がまえ

自分の家に他人がいる!

相続税の税率が上がってから、賃貸併用住宅（住居を兼ねた賃貸物件）が増えています。東京都内近郊は地価が高いので、住宅部分のローン返済を、賃貸住宅の収入からも支払える賃貸併用住宅は、お得感があります。また、賃貸併用住宅にすると、「借り上げ」という、管理会社などが賃借人となり物件を転貸《てんたい》してくれる契約を交わすこともできます。そのため、賃貸経営の経験がなくても賃貸物件を稼動させることができ、賃貸経営を安易に考えてしまうこともあるようです。

確かに、**賃貸併用住宅にはメリットが多いのですが、それなりのコストをかけて建築す**

るので、デメリットもしっかり把握したうえで、決断しましょう。

賃貸併用住宅のデメリットを知らないで起こってしまった、ある事例をご紹介します。初めて賃貸併用住宅を建てた家主さんから、**生活マナーが悪い入居者の退去**についてご相談を受けました。マナーの悪さは、「ゴミ出しの分別をまったくしない」「夜中の騒音がひどい」「共用部分にタバコの吸殻をポイ捨てする」などです。

実際に物件へ行ってみると、確かに共用部分にはタバコの吸殻が捨てられ、ゴミ置き場には回収されていないゴミが残っていました。さらに、せっかくの築浅物件なのに、管理が行き届いていません。そのせいか、**好立地にも関わらず、6戸のうち2戸も空室**の状態です。これでは物件の価値が、一気に下がってしまいます。

ところが、物件は借り上げなので、家主さんは契約の当事者ではありません。つまり、入居者の情報がまったくなく、知ることもできない状況なのです。

しかし、**一番の問題は、家主さんが「自分の家に他人がいる」と思っていること**でした。

賃貸併用住宅に住む心がまえとして、「集合住宅に住んでいる」という意識をもたないと、ストレスを抱えることになります。自分の家であることに間違いはないのですが、その思いが強すぎると、入居者のことが気になってストレスを抱えてしまいます。

この家主さんの物件は、**借り上げなので入居者の方と直接関われず、自分ではどうにもできない状況が、夜も眠れない不安を引き起こしていた**ようです。「この状態が続くくらいなら、借り上げをやめて自分で賃貸経営しよう」と思われるほどでした。

さて、例のマナーの悪い入居者は、家賃の滞納までしています。そこでこの入居者に対しては、滞納で裁判手続きに着手し、スムーズに退去してもらうことができました。

また、賃貸経営2年目の家賃見直しのタイミングで、借り上げ業者が「家賃の減額」の申し入れをしてきました。「家賃が高くて空室が埋まらない」という理由からです。

自己管理の思いをもっていた家主さんは、「それならば」ということで、借り上げ契約を解除。中途解約の条件が、さほど厳しくなかったのが幸いでした。

その後の賃貸経営は、**掃除と厳しい入居者審査の徹底で、いい入居者を確保**。家主さんの「自分の家に他人がいる」という思いも変わって、**現在は満室経営**となりました。

CASE 2

予防策と解決法

賃貸併用住宅は、自宅部分のローンを賃貸収入で支払えるというメリットがあります。

しかし、デメリットもあるため、安易に建ててしまうのは危険です。

まず大前提として、部屋は違えど、賃借人と同じ敷地に住むので、「一戸建ての自宅に住んでいる」という意識は変えましょう。

家主さんの居住スペースと、賃貸部分を完全に分離できるなら問題ありませんが、エントランス部分まで分けられるのは、かなり限られた物件です。

また、借り上げの場合、転借人（入居者）の情報は開示してもらえません。

つまり、ひとつ屋根の下に住みながら、他の居住者の情報がわからないという状態になります。

そこをストレスに感じる家主さんは多いようなので、**「集合住宅に住んでいる」と意識を**

変えると、ストレスが軽減します。

そして、大きなデメリットとして考えておきたいのは、家主さんの居住スペースから収益を得られないため、**売却しようと思っても、一般の収益物件より売れにくい**ということです。

また、一見メリットのように思える借り上げも、大家さんになる覚悟が曖昧なままだと、落とし穴になりかねません。

昨今マスコミで色々と報道されていますが、**借り上げだと、2年ごとに家賃改定があり、借り上げ業者から家賃減額などの申し出があれば、ローン返済に余裕がなくなってしまう**場合もあります。その一方で、家賃減額に同意しなければ、借り上げ契約は解約されてしまうこともあります。つまり、賃貸経営への覚悟がないまま賃貸併用住宅を建てて借り上げ契約を結んでしまうと、ある日突然、賃貸経営を自分で行なわなければいけない可能性があります。

このような心的不安をなくすためにも、**賃貸併用住宅は、自分で管理をする覚悟を決めましょう**。もし借り上げてもらう場合には、契約書などをよく読み、場合によっては専門家にチェックしてもらうことをおすすめします。収支や修繕費などの数字の部分も、甘い見込みになっていないか、経営者の目でチェックするようにしましょう。

ここまで、デメリットばかり説明してきましたが、もちろんメリットもあります。**管理のためにわざわざ移動する手間がない**ので、その気になれば毎日だって掃除することができます。**ピカピカにしておけば、いい入居者も確保**できますし、家主さんが同じ建物に住んでいるので、**犯罪に関わる入居者を引き寄せない予防効果**もあります。

また、ご自身で管理すれば、建物の状態が把握できるので、適切なタイミングでメンテナンスをすることもできます。

POINT

- **賃貸併用住宅は、「自宅」ではなく「集合住宅」に住む意識をもつ**
- **借り上げは契約内容をよく確認する**
- **借り上げてもらう場合でも、賃貸経営の勉強をしておく**

CASE 3

「オーナーチェンジ物件」は、事前に入居者の書類を確認

滞納者の動向を書類から推測

「何度も督促をしたのですが支払ってもらえず、どこに相談していいかわからないまま、気がついたらこんなに時間がたってしまいました……」

1棟のオーナーチェンジ物件（入居がある状態で別の家主から購入する物件）を、初めて購入された家主さんから、賃料滞納による明け渡し手続きのご依頼を受けました。**滞納者は、すでに8か月も家賃を支払っていません。**

購入からまだ1年弱の状態でトラブルに遭遇し、とても不安そうなご様子でした。

入居者の必要書類を確認すると、賃貸借契約書のコピーはあるものの、原本、さらに住民票や身分証もありません。**残った手がかりは、入居申込書だけ**です。

そんなこんなで、とりあえずかき集めた情報によると、入居者は30代男性。この部屋には2年近く住んでいて、小さな子供を含めた3人家族でした。

子供がいるなら、予防接種や検診の都合上、とりあえず住民登録はしているはずなので、まずは住民票を請求してみました。すると1か月ほど前に、住民票を現場から異動させていました。……ということは、滞納督促を受けて夜逃げしてしまったのでしょうか。

状況を確かめに、現場へ行ってみました。

現場に人の気配はありません。集合ポストはチラシでぱんぱんになっています。ドアにはうっすら埃《ほこり》が溜まっていました。ライフラインも止まっているようです。この状態からすると、家賃が支払えず、そのまま転居してしまった可能性がかなり高くなりました。

次に、転居先の住民登録地へ行ってみました。その部屋の1階にある庭に、ビニールのプールが見えました。小さな子供がいるお宅のようです。しかし、集合ポストにネームプレートがありません。郵便物も見うけられなかったので、入居者の特定はできませんでしたが、住民登録があるので、「滞納者一家が住んでいるのでは」と強く感じました。〝住民登録にある転居先の住民が滞納者かどうか〟焦点はそこにしぼられました。

転居先の住所へ行き、呼び鈴を鳴らしましたが、反応はありません。仕方がないので、事務所に戻って手紙を送りました。依頼された物件の賃貸借契約の解約書面と、室内の残置物放棄書、そして書類を送り返してもらう返信用封筒の同封も忘れません。

しかし書面が返送されてくることはありませんでした。同じ書面を準備して、再度、住民登録地に行ってみます。今度は晩ご飯の準備時間を狙ってみました。電気メーターががんがん回っていたので、室内に誰かいるようです。

呼び鈴を鳴らすと、居留守をつかわれ、室内からの物音も、一瞬で消えました。解約書と残置物放棄書がないと、裁判で契約の解約をする必要があります。そうすると、裁判の分だけ時間がかかるので、準備した手紙の封筒に、「これに署名押印して返送していただければ、もう来ません」と記載してドアポストにねじ込みました。

数日たった頃でしょうか、書面が返送されてきました。室内に入ってみると、退去した後で、残置物もほとんどありませんでした。訴訟をせずに早期解決ができた一件です。

CASE 3

予防策と解決法

オーナーチェンジ物件で一番気をつけないといけないことは、**すでに入居している方の必要書類がそろっているかどうか**の確認です。

買い手が見つかりやすい満室の状態で売却したいがために、売主（前の家主）がサクラの入居者を入れているかもしれません。

書類がないと、トラブルが発生したときに通常の何倍も手間がかかってしまいます。**書類がそろっていることは、物件購入のポイントになる**と言っても過言ではありません。

しかし、物件購入を決める段階では、契約書などを見せてもらえません。そこで、売主側にいくつか質問をすれば、その答えからある程度の状況が推測できます。

「この書面は原本がありますか。それともコピーでしょうか」というふうに、**書類が偽装でないかどうか推測できる質問**をしてみます。このとき、賃貸借契約書や入居申込書、入居者全員の住民票や連帯保証人の印鑑証明書なども確認したいところです。
それらの有無について、エクセルなどで質問表をつくり、回答してもらうと効率的です。売主側も自信があれば質問表に回答してくれるでしょうし、もし回答がなければ信頼できる物件かどうかのひとつの判断材料にもなります。

賃貸物件の売買代金は、建物の価値だけにかかるものではありません。入居者の属性や書類の有無も含めた金額なので、建物以外の点も十分に確認しましょう。

また、今回の滞納者（滞納トラブルについては第3章でも詳述）のように、小さな子供がいる家庭は、予防接種や児童手当など行政制度の関係で、**住民登録をきちんとしていることが多い**ものです。

そのような場合はまず、住民票の住所へ訪問をしたり、手紙を送付したりしてみます。このときに気をつけることは、**絶対に力で押さない**こと。手紙にも強い口調を使ってしまいがちですが、逆効果です。とくに、「滞納額の請求」を先にしてしまうと、賃貸借契約の解約書や、残置物放棄書を手にすることがなかなかできなくなります。

本人から書面がもらえない場合、裁判で明け渡しの判決をとってから、強制執行で残置物を撤去するしかなくなります。そうなると、どんなに早く手続きをしても、裁判所の手続き上、最短で4か月はかかるので、その間も賃料の滞納が続くことになります。

そんな状況にならないためにも、次のことを忘れないでください。

・まずは賃貸借契約の解約書と残置物放棄書をゲットする！

・お金の請求はその後！

繰り返しになりますが、**交渉事は「力で押すと力で跳ね返ってくる」という鉄則**を、覚えておきましょう。

POINT

・オーナーチェンジ物件は、入居者情報の有無も確認する

・交渉事は力で押すと力で跳ね返されると心得る

・滞納発覚時、まずは賃貸借契約の解約書と残置物放棄書をゲットする

CASE 4

「鉄筋コンクリート物件の落とし穴」

築古と悪質入居者のダブルパンチ

義理の父親から賃貸経営を任された、お嫁さんからのご相談です。

それまで賃貸業に携わったことがなく、**ある日突然「これからよろしく」と資料を渡されたそう**です。物件は**築50年ほどの、鉄筋コンクリート造りの5階建て**で、エレベーターはありません。父親は管理委託をせずに自主管理をしていましたが、空室対策を行なっていなかったので、**20戸のうち5戸しか埋まっていない**状態での引き継ぎでした。

その物件の状態は、廃墟のようなひどさで驚愕されたそうです。さらに必要書類を確認すると、契約書はないけど滞納はあるなど、**「全戸が問題アリ」という状況**です。

そこで、「ひとりではとても解決できない」と、ご相談に来られました。

ひとつひとつ確認していくと、いいこと悪いこと、色々なことがわかりました。まず、入居がある5戸のうち、滞納が3戸。残りの2戸のうち1戸は、契約書を交わさないまま鍵を渡してしまい（急ぎの入居だったようです）、最後の1戸は、入居者に放尿癖あり。また、築50年の鉄筋コンクリート物件なので、これから高額な維持管理費がかかってきます。さらに、エレベーターも外づけできない構造だったので、**長い目で見ると手放すことも選択肢として有効**だと思いました。

とりあえず今は、**問題がある5戸の入居者に退去をお願い**し、その後のことは父親も交え、ゆっくり検討していくことになりました。

家賃を滞納している3戸は、退去してもらう理由が正当なので、事務的に明け渡しの法的手続きを進めます。契約を交わしていない1戸は、生活保護受給者でした。役所にかけあうと、入居してまだ1週間ということもあり、すぐに別の物件に転居してくれました。

やっかいなのは、残りの1戸。放尿癖がある入居者です。酔うと所かまわず放尿してしまい、さらに記憶も飛んでしまうそうです。ただお酒を飲まなければ、そう悪い人ではなさそうなので、アルコールが入ってないタイミングで家主さんと訪問しました。

どこまで本当かわかりませんが、自分のイタズラの詳細は覚えていないようなので、今までのことを話し「これからはしません」といった**確約書に署名押印**してもらいました。

この書面をもらったからといって、イタズラがなくなるわけではないでしょう。ただ次にそのようなことがあったときに、退去を促しやすくするためです。

数日後、残念ながらというか、案の定というか、幸いというか、あっという間に確約書が効力を発揮しました。今回は、隣のマンションの駐車場で、車めがけて放尿してしまいました。さらに悪いことに、防犯カメラにその一部始終が録画されていたのです。

隣のマンションは分譲マンションだったため、管理組合と車の所有者の方が警察に通報。ここまでくると「覚えていない」とは言えません。警察沙汰と確約書、これがダブル効果となりその後、その男性入居者はマンションから退去して行きました。

ほぼ同じ頃、家賃滞納の入居者も裁判で明け渡しの判決が言い渡され、これで5戸すべての退去が完了しました。

CASE 4

予防策と解決法

鉄筋コンクリート造りの物件に限らず、賃貸物件は生き物なので、手入れをしないと朽ち果ててしまいます。しかも**管理が行き届いていない物件だと、今回のケースのように、いい入居者を確保することができません**。

そうなると悪循環となり、問題のある入居者がどんどん集まってしまいます。**空室ではないが家賃を滞納され、収益が上がらない**というようなことも生じかねません。

まずは賃貸経営の大前提として、**掃除を徹底し「住みたい」と思ってもらえる物件**にしましょう。

室内が古くなってくると、リフォームなども必要になるかもしれませんが、和室からフローリングに変更したり、間取りごと変えたりするような大がかりなものは、費用がかなりかかります。リフォーム代の回収にどれほどの期間がかかるか、専門家によく相談してから決めましょう。仮に高齢者の入居者を対象とするなら、和室のほうが好まれるなど、リフォームの方向性も目的によって選ぶことをおすすめします。

とくに**鉄筋コンクリート造りの建物は、築年数を重ねると、メンテナンスに費用がかかり収益率も下がってしまいます。築50年を過ぎると、そこからの維持管理費用はかなりの額が必要になる**と覚えておきましょう。

「いっそ、それならば……」と、建て替えを検討したとしても、鉄筋コンクリート造りの物件は、取り壊しに莫大な費用がかかります。規模にもよりますが、数千万円かかってしまうこともあります。

そこで重要になるのが、**「最終的にどうする物件なのか」**とゴールを決めることです。修繕をしつつ耐久させるのか、どこかのタイミングで取り壊して建て替えるのか、それとも売ってしまうのか……。

鉄筋コンクリート造りの建物は、多くの物件がそれなりの大きさを備えているので、見た目が立派です。そのため、手放すことを躊躇される家主さんも多いのですが、ご自身の年齢、次の世代が賃貸経営に興味を抱いているか、修繕や建て替えなどの費用の準備が整えられるのか……などを総合的に判断すると、ある程度の築年数を重ねたら売却したほうがいい場合もあるので、選択肢として覚えておきましょう。

この家主さんは、私がアドバイスをして入居者が全員退去したタイミングで売却し、その費用で「戸建賃貸」を数件建てられました。

余談ですが、**相続税の支払いに現金が足りない場合、戸建賃貸なら個別に売却もできます。**また一般的には**戸建賃貸の場合、入居期間が長くなります。相続時にも分割しやすい**ので、最近人気が高まっています。

POINT

- **古い物件は徹底した管理で、いい入居者を確保できる工夫をする**
- **リフォームする場合は、リフォーム代の回収期間も念頭におく**
- **鉄筋コンクリート造りは、維持や取り壊し費用が高いことを覚えておく**

CASE 5

犯罪に「狙われる物件」と「狙われない物件」の違い

エントランスの花は一石三鳥の防犯対策

賃貸物件を犯罪に使われてしまった相談者が増えてきました。振り込め詐欺や違法な荷物の受け取りアジトなど…。そんな物件を何棟も見ていると、ある共通点がありました。**「死角が多い物件」「空室が多い物件」「管理の悪い物件」。この3パターンは、犯罪者にとって好都合**です。犯罪者は、とにかく顔を見られたくありません。また、仲間がたくさん出入りするので、それが目立つのも嫌がります。そのため、人目を避けやすい「死角が多い物件」「空室が多い物件」は、狙われやすいのです。

また、「管理が悪い物件」は、管理会社や清掃の人の出入りが少ないと思われて危険です。

さらに、そのような物件に住む入居者は、汚いことにも不満を言わないタイプだから、ちょっとしたことでは通報したりしないだろう……と思われてしまいます。

その一方で、**エントランス付近に管理人さんがいるようなタイプの物件は、まず犯罪に利用されません。**このポイントが、これから紹介するトラブルを解決へと導きました。

立て続けに物件を犯罪に使われてしまった家主さんがいました。警察から家主さんへ捜査協力の依頼があり室内へ入ると、薬物を使用する場所として使われていたようです。気落ちされた家主さんからご相談を受け、物件へ行ってみると、そこは死角ばかりの建物でした。建物も古く、清掃を強化したとしても劇的に変わりそうにもありません。また、家主さんはご高齢で、物件にあまり費用をかけたくないようです。**計6戸のアパートですが、半分しか埋まっていません。**確かに犯罪に使われそうな要素がいっぱいでした。

2回目に物件を見に行ったとき、1階に住むご高齢のおばあちゃんとすれ違いました。おばあちゃんは、誰かと会話したかったのでしょうか。私を見つけるなり、色々と話しかけてこられます。年をとると部屋の外に出る機会が減ってしまうとか、何もすることがないとか、人から必要とされてないとか……。

そのときに閃《ひらめ》きました！　**〝物件のエントランスに、花を植えて、おばあちゃんにお手入れをお願いしたらいいのでは〞**と。家主さんの許可を得てから、花の件をおばあちゃんにご相談すると、その提案を喜んで引き受けてくださいました。「鉢でしか花を楽しめないのが物足りなかったのよね」と！

数か月後、犯罪のアジトになっていた物件のエントランスには、色とりどりの花が咲き誇り、**半分しか埋まってなかった部屋も、エントランスの花効果で満室**となりました。さらによかったことは、おばあちゃんに生きがいができたことです。花の手入れだけでなく、共用部分の掃除までしてくださっていました。

こうして**物件は、古いながらもきれい**になり、他の入居者は花の手入れをしているおばあちゃんと**挨拶や言葉を交わす**ようになりました。おばあちゃんの姿を数日見かけないと、他の入居者から「おばあちゃんが病気になったのかも」と電話がかかってくるようになりました。この状態なら、**高齢者の孤立も防げます。**

もちろん、**犯罪に使われることもなくなりました！**　最終的におばあちゃんの共益費を3千円値引いてあげることになったのですが、それ以上の価値を生んだ工夫となりました。

CASE 5

予防策と解決法

今回のケースからもわかるように、**管理の仕方次第でトラブルを防げる**ことがあります。裏を返すと、管理が不十分だと、さまざまなトラブルを引き起こしてしまうので、ここでは、押さえておきたい**管理の勘所**について解説します。

まずは、人目につく場所の管理を徹底します。

とくに、**エントランス部分**や**集合ポスト**、**共用部分**、**ゴミ置き場**は、入念に掃除をしましょう。これらの場所が汚いと、いい入居者に来てもらえないだけではなく、犯罪者にも狙われやすくなります。**掃除を徹底することで、物件の清潔さと人通りの多さを周知できればベスト**です。

また、駐輪場に**使われてなさそうな自転車がそのまま放置**されていることがありますが、これも管理の悪さを目立たせてしまいます。

放置自転車は、すぐにでも撤去したいところですが、他人の所有物なので、**勝手に処分するると窃盗などになってしまう**可能性があります。

この場合には、入居者の自転車であることがわかる**シールの導入が効果的**です。

シールの導入は、まず入居者に、

> ○月○日までに、お使いの自転車にこのシールをお貼りください。
> その日までにシールが貼られてない自転車は撤去します。

などを明記した文書を配り、アナウンスをします。これを2度ほど伝えた後なら、期日後に撤去しても大丈夫でしょう。

シールを貼ってもらう期限は、念のため、アナウンスから2か月ほどあると安全です。入居者向けの掲示板がある場合は、そこにも連絡事項として貼っておくとさらに効果的です。

いきなり処分するのではなく、入居者が使っている自転車かどうかをきちんと確認したうえで、それなりの期間も設け、「もう使われてない物だな」と判断に合理性をもたせて撤去することが大切です。

最後に、今回のケースで導入した、エントランスに花を植える防犯対策ですが、お手入れがもっと手軽な植栽だとどうでしょうか。

数々の物件を注意深く見てきた結果、植栽では**花ほどの効果は得られない**ようです。植栽だと、よほどの日照り状態が続かない限り、花ほどの手入れを必要とせず、**植えたっきりになってしまうことがほとんど**だからです。

一方、花は毎日のように手入れをしないと、きれいな状態をキープできません。犯罪者は、**花が植えてある場合、「この場所に誰かがいる時間が長いかもしれない」**と考えるのでしょう。犯罪者は間取りよりも何よりも、**人とできるだけ顔を合わせないことを最優先**に考えるものだと覚えておきましょう。

POINT

- **犯罪を防止するためにも管理に重点をおく**
- **エントランス、集合ポスト、ゴミ置き場、駐輪場はとくに丁寧に管理**
- **防犯を兼ねた管理は「人通りの多さ」をアピールできたらベスト**

CASE 6

犯罪に利用されやすい物件は「集合ポスト」に問題あり

入居者が誰かわからない！

家賃滞納で明け渡し手続きのご依頼を受けたとき、一番神経を使うのは、「占有しているのは誰か」ということです。**部屋には、契約者（だけ）が住んでいるとは限らず、これが最終的に強制執行できるかどうかに関係してくる**からです。

悪質賃借人がいた場合、話し合いができなかったら、裁判で「明け渡し」の判決をもらいます。それでも退去してもらえない場合には、強制執行で室内の物を撤去し、鍵を換えて部屋にもう入れないようにして終了という流れになります。

このときにポイントとなるのは、**誰に対して「明け渡し」を命じる判決だったか**、ということです。強制執行で退去させられるのは、裁判で命じられた人だけです。
そのため、せっかく判決が出たのに、「強制執行ができなかった」、ということがないよう、誰に対して「明け渡せ」と命じてもらうのか慎重に検討すべきです。

現場へ行くと、**ポストにはたくさんの苗字**が。賃借人は独身男性のひとり住まい。部屋の間取りはワンルームです。

ポストには、**色々な場所から、さまざまな人の名前宛の郵便物が転送で入っていました。**郵便物の受け取りだけの部屋なのかな……そんな印象を受けました。

次に賃借人の住民票を取得してみると、現在の物件に住所移転はしていたのですが、すでにまた別のところへ住所が異動されていました。しかもこの物件での住民登録期間は、たったの2か月。怪しすぎるので、戸籍の附票を取ってみたらさらに驚きです。**数か月ごとに住所を転々としていたのです。**本当に転居をしていたのか、それとも住民登録地だけを異動させているのかはわかりません。もともとの本籍地は沖縄なのに、どうして大阪近郊でこんなに住民登録地を異動させたのでしょう。

特定しないと訴訟が起こせないので、ひとつひとつ調査していきました。

最近の住民登録地を見に行っても、どこにも住んでいるような気配がありません。最後の最後、沖縄から大阪に住所を移転した場所に、滞納者はいました。

現場へ行くと、そこは共同風呂、共同トイレで小部屋がたくさんあるような物件でした。滞納者に直接会って話をしてみると、**「自分はここ数年この場所で住んでいる」「契約書に書かれた字は自分ではないし、借りた覚えもない」「ホームレスとして公園で野宿していたとき声をかけられ、ここに住めるようになった」「ここに住んで毎月2万円をもらってる」「今の生活がありがたいので、面倒なことに巻き込まれたくない」**とのことでした。

これは貧困ビジネス……？　深く入り込むと厄介なので、それ以上聞けませんでしたが、当事者と会えたので、賃貸借契約書の解約書と残置物放棄書をもらって完了。

賃貸借契約が終了したので、家主さんと部屋に立ち入ってみると、**使われた形跡がまったくなし**。トイレの便座には、消毒済の帯がついたままです。部屋をさらに探索すると、**台所の流しに、大量の認印**がありました。**すべて名前が違います**。荷物の受け取り場所としても利用していたのでしょうか。犯罪の匂いがぷんぷんする案件でした。

CASE 6

予防策と解決法

集合ポストは、賃貸トラブル解決の鍵となる部分です。

たとえばチラシでいっぱいになっているポストは、犯罪者に**「管理が行き届いてないいな」**と思われてしまいます。

空室の部屋のポストにガムテープを貼って、チラシなどを入れられないようにしている家主さんもいらっしゃいますが、実はこれは最悪です。

「ここのアパートは空室がある」ということがばれてしまい、「犯罪に使いやすいな」と思われてしまうからです。


一般的に**集合ポストは、物件のエントランス部分にあるので、物件の顔**ともいえます。

ここの管理が行き届いてないと、犯罪に使われやすいと心得ましょう。

まずは、空室のポストのチラシなどを、定期的に抜き取ってきれいにすることからはじめてみてください。

繰り返しになりますが、ガムテープでふさいでその手間を省くことは絶対にNGです。

ポストを定期的にきれいにしておけば、知らない名前が貼られていることにも気がつきます。

知らない名前を見つけたら、新しい入居者が増えたのかどうか、すぐに確認しましょう。

一番望ましいのは、ポストにネームプレートをつけることです。

このような物件が、犯罪に使われることはまずありません。

ただ入居者の中には、防犯上などの理由でネームプレートを好ましく思わない人もいるかもしれません。

その場合は、定期的に入居者へのアンケートを実施してみましょう。

- **契約書の内容に変更箇所はないか**
- **今の入居者、入居人数などに変わりはないか**
- **物件で不満に思っている箇所はないか**

このような質問への回答から、新たな工夫のヒントが得られるはずです。

とくに契約の更新は、入居者の情報を得られる絶好の機会なので、更新のたびにアンケートを実施するのも得策です。賃借人の情報があればあるだけ、トラブルになったときの早期解決につながります。

たかがポスト、されどポスト。試しに気を配ってみてください。

POINT

- **ポストがチラシでいっぱいになった物件は、犯罪に利用されやすい**
- **現在の入居者が契約時と変わっていないかを把握することが重要**
- **契約の更新時は、その都度アンケートで入居者の最新情報を集める**

不動産トラブル用語集 1

賃借人	賃貸借契約の当事者。賃料を支払う代わりに部屋を使用できる人
入居者	実際に部屋を使用している人。賃借人≠入居者の場合もある
不動産管理会社	物件や入居者を家主に代わって管理する会社
借り上げ	不動産管理会社などが家主から物件を借り、家主に代わって物件を転貸すること
入居申込書	入居希望者が借りたい部屋に申し込みをする書面

第2章

最初が大切！
不要なトラブルを防ぐ
審査の方法

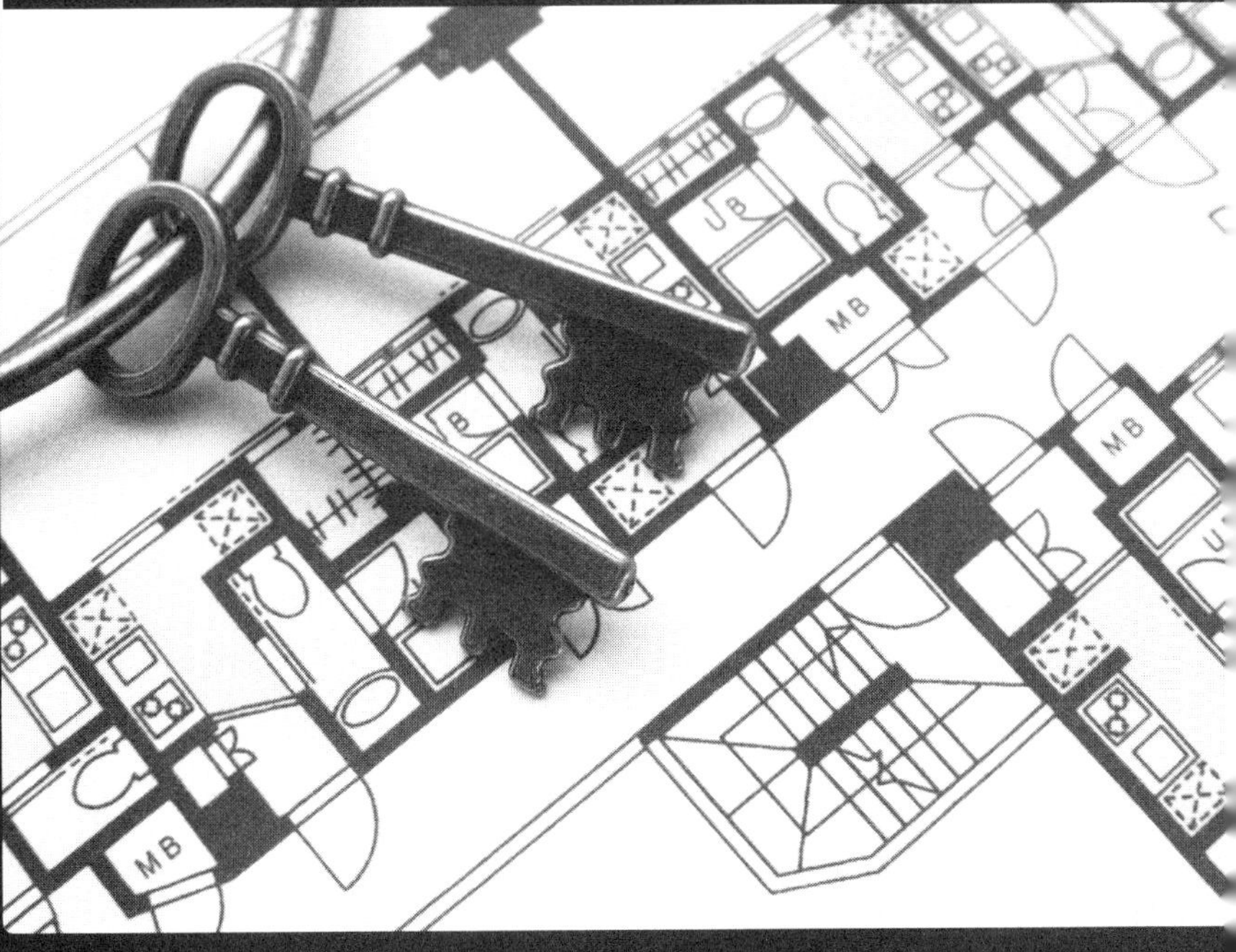

CASE 7

審査は「滞納」を防ぐ最初の1歩と心得る

滞納者でも母は強し

知り合いの家主さんからのご相談です。「**家賃滞納が数か月あり**、訴訟手続きをしてください」とのことでした。必要書類を一式いただき、内容をチェック。

ご夫婦なのに賃借人は奥さんです。首都圏では、会社の家賃補助などの関係で、まれに奥さん側が契約当事者になることがあります。しかしこの案件は、地方で、ご主人もきちんと働かれているので、少し違和感を覚えました。

家族構成は、夫婦と子供3人の5人家族。家賃は6万5千円。やっていけない額ではありません。それにも関わらず、**契約時にご主人では審査が通らず、現在滞納**……。「他に借金がかなりあるのかな」。直感ですが、そう感じました。

とりあえず訴訟手続きと並行して、賃借人である奥さんと連絡をとろうと試みましたが、連絡がとれません。留守番電話にメッセージを残しても、折り返しがありませんでした。仕方がないので緊急連絡先である、ご主人の母親に連絡をすることにしました。

滞納の明け渡しは、**強制執行になると、かなり物々しい作業**となります。執行官が何度も名前を呼び、それでも開錠がなければ、鍵屋に開けてもらい部屋へ立ち入ります。ご近所には、隠そうとしても隠しきれない状況です。

そのため、子供がいる滞納者への訴訟手続きには気を遣います。親は自業自得かもしれませんが、子供に罪はありません。義務教育課程なら、引越し先も同じ地域の可能性が高く、強制執行で家を出されたことが原因でイジメに遭うかもしれません。何とか任意退去を促したい……、そんな思いもあり、祈る気持ちで緊急連絡先の電話番号を押しました。

緊急連絡先の母親とは、スムーズに連絡がとれました。賃借人と連絡がとれないことを伝えると、知らなかった情報を、色々ご提供いただきました。

どうやら息子さん（賃借人のご主人）は、事業に失敗し、その返済に追われているようです。親として援助してあげたいが、年金暮らしなので何もできないということでした。とりあえず、息子夫婦に私へ連絡してもらうよう、伝言をお願いしました。

しばらくしてすぐに、賃借人である奥さんから連絡がありました。

連絡がとれなかった理由は、なんと4人目の子供を産むために入院していたからだと言います（母親から聞いてない……）。「児童手当も重要な収入源だから」と、明るく言う賃借人。怒られるので親族には出産のことを知らせていないそうです。

小学生から生まれたての乳飲み子まで、4人の子供。こんな状態で退院後にすんなり引越しができるはずはありません。しかし、私の不安を打ち消すように「だいじょーぶです、次のところ探しますから」。賃借人は肝っ玉母さんのように、どこまでも声が明るいです。

結局、**明け渡し裁判の直前に一家は引越されました**。退去後の部屋は、子供のイタズラと思われる、見事な落書きと破れた障子が残っていました。掃除もほとんどしていなかったのか、台所には油汚れがびっちり。原状回復の話をしても「子供がいると仕方ないです！」と、動じません。どこまでも明るい賃借人に、別の意味で救われた一件でした。

CASE 7

予防策と解決法

今回のトラブルは、**審査の甘さ**が原因です。

最近は共働きで、奥さんもかなり稼いでいらっしゃるご夫婦が多くなりました。会社の家賃補助の関係で奥さん側が契約当事者になることもめずらしくありません。ただ地方だと、まだまだ女性の収入は低めです。

そのため、**ご夫婦の入居申し込みで奥さんが契約当事者になる場合は、男性側では契約できない理由が何かある**と思って慎重に判断していきましょう。

入居申し込みを電話で受けられる家主さんもいらっしゃいますが、審査の大前提として、必ず**書面の申込書をもらい、細かく審査**しましょう。

賃借人の名前、現住所、勤務先、電話番号、検索できるものはすべてインターネットで検索すると、**滞納しそうな人は、かなりの高確率で何かが見つかります。**

たとえば、現在の住所も検索していくと、どれくらいの広さでいくらくらいの賃料かわかります。その状況と、今回の引越しの理由を照らし合わせ、整合性があるかどうか確認します。勤務先の会社のホームページがあるかどうかも確認して、もし見当たらなかったら他の部分も徹底的に調べていきましょう。勤務先の電話番号が携帯の番号になっているなど、一般的ではない違和感に気づけることが多々あります。

このように、とりあえず何でも検索し、ちょっとでも気になることがあれば、入居を承諾する前にきちんと問い合わせましょう。

「怪しいと思ったけど、空室が続いていたから」

明け渡しの手続きの相談に来られる家主さんは、必ずこの言葉をおっしゃいますが、危ないと思ったら立ち止まってよく検討する慎重さが必要です。

空室は家賃が入らないだけです。

しかし、一度、怪しい人を入居させてしまったら、滞納トラブルに見舞われたり、犯罪に利用されたり、それにともなう法的手続きの費用がかかったりするなど、実は空室より

も厄介なのです。

また悪い入居者を入れてしまったがために、いい入居者が退去してしまうということもよくあります。

そんな事態に巻き込まれないためにも、審査を人任せにせず、家主さんご自身が慎重に行なうことが大切です。

POINT

- **入居申し込みは口頭ではなく書面でもらう**
- **入居申込書に記載されている情報はすべて検索してみる**
- **空室が続いていても入居審査は、家主さん自身で慎重に行なう**

CASE 8

賃貸借契約書で見落としがちな点

コンプレックスを抱えた妹と、優しい姉

「滞納がはじまってから、賃借人と連絡がとれない」と、**ご相談がありました。半年ほどの滞納**なので、法的手続きをとるに足る、十分なタイミングでした。

賃貸借契約書を確認すると、連帯保証人は賃借人のお姉さんでした。しかし、よくよく見ると、**賃借人欄と連帯保証人欄の字がどうも似ています。**「代筆なのでは……」と思いましたが、実印が押印され、印鑑証明書も添付されていました。実印まで押されているなら代筆は考えにくいので、「姉妹なので字が似ているのかな」と思い直しました。

その後、訴訟手続きをとりながら、賃借人との交渉を試みました。

ところが現場へ行っても会えず、携帯電話もすでに止められていました。手紙を送っても反応がありません。しかし、連帯保証人のお姉さんとはすぐに連絡がとれました。20代後半のしっかりされたお姉さんに、事の経緯を説明すると、こう返ってきました。

「間違いなく代筆です」。

賃借人が賃貸借契約をした当時、お姉さんは海外に渡航中。実家にある自分の机の引き出しに、実印と印鑑カードを入れており、賃借人はその置き場を知っていたそうです。パスポートに渡航履歴があるので、印鑑証明書の発行年月日と照らし合わせれば、契約時に使われた印鑑証明が自分で取得したものではないと証明できるとのことでした。残念ながら、ここまで**明確な裏づけがあり、「連帯保証人になった覚えはない」と裁判で主張されれば、お姉さんに連帯保証人の責任を追及することはできません。**

しかし、連帯保証人は、怒るわけでもなく淡々と話されます。

「妹のことなので、姉として私がちゃんと責任をとります」。

裁判で争えば、連帯保証人の責任を逃れられると説明しましたが、それも承知のうえで、姉として対応するというのです。こんなに家族愛にあふれた家庭で育ったのに、賃借人はなぜ逃げまわるのでしょう。ちゃんと説明したら、助けてくれる家族がいるのに……。

そんな単純な疑問に対して、連帯保証人は静かな口調で「コンプレックスだと思います」と答えられました。賃借人は、「姉は優秀、自分は違う。家族のお荷物」、そう勝手に思い込み、家族から離れて行かれたそうです。だから、今回のことを機に家族仲の修復をしたいと、連帯保証人は望まれていました。

そこから、一緒に賃借人を待ちぶせること3日。ようやく賃借人と会えました。

連帯保証人は優しい口調で、賃借人に話しかけます。家族が賃借人のことをどれだけ大切に思っているか、また一緒に実家で暮らそうなど、本当に一生懸命に話されていました。そうして2時間ほど時間が過ぎましたが、賃借人はずっと黙ったまま。「考えといてね」、連帯保証人のその言葉で、その日は解散することになりました。

それから1週間後、賃借人から**「実家に戻ります。滞納額は分割で払ってもいいですか?」**と連絡がありました。

家族の愛が問題を解決した、とても嬉しい案件でした。

CASE 8

予防策と解決法

トラブルがある賃貸借契約書には、いくつか特徴がありますが、**最低限、契約書の住所の記載と住民票上の住所が同じであることは確認**しましょう。

以前、賃借人の現住所が、物件の住所になっていることがありました。こういった場合、大半が住民票などの添付書類もないので、前住所もわからなければ、トラブルのときに役立つ本籍地なども追うことができず、最終的にトラブルを起こした賃借人に逃げられてしまう可能性があります。このような基本情報が調べられないと、名前ですら偽名かもしれません。

また、今回のケースのように、賃借人と連帯保証人の筆跡が一緒であること以外にも、賃借人と連帯保証人の印鑑が同じものであったり、契約書の日付が入っていなかったりするなど、**書類をよく確認すると色々な小細工や不備が見つかるものです**。必ず、賃貸借契約書を隅から隅まで、署名押印欄の部分も細かくチェックしましょう。

また**連帯保証人欄**の署名押印は、次のポイントを確認してみてください。

- **筆跡が賃借人と同じではなく、本人が書いたものか**
- **実印が押されているか**
- **発行から3か月以内の印鑑証明書が添付されているか**

印鑑証明書については、有効期限も必ず確認しましょう。連帯保証人が法的に立証されるには「実印の押印」「発行3か月以内の印鑑証明書の添付」、この2点が必須だからです。どちらかがない場合、もし何かしらのトラブルで裁判になったとき、「連帯保証人になった覚えはない」と主張され、それが認められてしまいます。

さらに、**印鑑証明書が契約日よりかなり前に取得されている場合も、注意が必要**です。一般的に考えると、印鑑証明書をストックする人はあまりいません。必要があるたびに取得するのがほとんどではないでしょうか。

たとえば、契約日より2か月以上前、3か月以内に取得した印鑑証明書が添付されていたとします。法的には有効ですが、今回の契約が決まってから取得したものではないので、何かが隠されているかもしれません。納得できる理由を探すようにしていきましょう。もしかしたら、雇われて、一時的に連帯保証人を請け負っているだけかもしれません。その場合、トラブルが起こったときに連絡がとれず、責任を何も負ってもらえなくなります。

印鑑証明書は添付の有無を確認するだけでなく、発行年月日や名前、住所もチェックする癖をつければ、そのようなトラブルを回避することができます。

契約書の細かい条項も、必ず目を通すようにしましょう。中にはいつもと違う文言や内容だったりする場合もあります。その場合には、仲介業者さんに説明を求め、納得してから押印するようにします。

賃貸経営はビジネスです。**内容を把握してから契約書にサインする。**その原点を忘れてはいけません。

POINT

- **大前提として契約書は隅から隅までよく確認する**
- **連帯保証人の欄は筆跡や押印も含め入念に確認する**
- **印鑑証明書は発行年月日も必ず確認する**

CASE 9

連帯保証人は身内がベスト

兄弟の思いやりが迷惑入居者の心を開く

家主さんは困っていらっしゃいました。

賃借人は50代後半の男性。**滞納もさることながら、酔っぱらって廊下で放尿してしまう**ということで、管理組合からもクレームをよく受けていました。

入金状況を確認すると、すでに**8か月分の滞納**があります。**生活マナーの悪さは、裁判での立証が難しい**ので、取り急ぎ滞納で明け渡しの訴訟を提起することにしました。

連帯保証人は年の離れたお兄さんで、70歳を超えていらっしゃいます。いきなり裁判所から訴状が届くと驚かれるだろうなと思い、訴訟提起後にすぐにお手紙を出しました。

「本当にご迷惑をおかけいたしまして」

手紙を読まれた連帯保証人からすぐに電話がありました。電話口で頭を下げていらっしゃるのが見えるような、そんな丁寧なお電話でした。

賃借人は3人兄弟の末っ子。上ふたりと年が離れていることもあり、甘やかされて育ったそうです。今までもずいぶん尻拭いをされてきたと嘆いていらっしゃいました。同じ親御さんが生み育てたのに……、なかなか難しい問題なのでしょう。

その後、連帯保証人から依頼を受けて、ふたりで賃借人宅を訪問することにしました。賃借人は裁判所からの訴状を受け取っているので、すでに訴訟手続きに入っていること、お兄さんが連帯保証人として被告となっていること、すべて知っているはずです。それなのに、連絡もない、電話も取らない！　仕方がないので待ちぶせ作戦です。

待っている間も、連帯保証人は賃借人のことを話します。小さいときのこと、大人になってからのこと……。恨みつらみは一切出てきません。それどころか、言葉の端々から愛情が伝わってきて、「これなら賃借人の心に響くのでは」、素直にそう感じました。

数時間待って、ようやく賃借人が戻ってきました。連帯保証人の姿を見て一瞬怯《ひる》んだものの、逃げることなく私たちに頭を下げました。3人で話しているときも、**連帯保証人は声を荒げることなく、感情的にもなりません。賃借人も少しずつ心を開いてくれました。**

勤め先の経営が苦しくなり、給与が滞りがちになったことが滞納のきっかけだそうです。生活費の足らない分を消費者金融で借りたことから、その返済に追われ、勤務先も倒産。再就職先が見つからず、今は日雇いの仕事をしているようです。兄弟を頼らなかったのは、今までのこともあるので「頑張っている自分」のままでいたかったと。でも結局、迷惑をかけてしまうことになって、自分でも情けないとうなだれていました。そんな思いからお酒の量が増え、廊下で放尿ということにつながったのでしょう。

弟を心配し、優しく見守る連帯保証人。ちゃんと頑張っているから安心して、と兄弟に言いたくてもがいている賃借人。どちらも家族を思う気持ちでいっぱいです。

結局、**賃貸人は裁判の直前に転居**していきました。明け渡した部屋の中は、きれいに掃除されてピカピカです。兄弟3人そろって掃除されたそうです。原状回復の費用もきちんと支払っていただき、家主さんにとっても最良の終わり方となりました。

CASE 9

予防策と解決法

賃貸トラブルにおいて、**連帯保証人の存在は重要**です。**家賃を滞納している人は、他にも借金を抱えていることが多々あります**。収支のバランスが完全に崩れ、数件の債権者に借金を支払わなければいけない賃借人にとって、**家賃の優先順位は高くありません**。

また、消費者金融などからの督促も受けているので、督促に対しても慣れています。そのため、家賃を催促しても精神的に追い詰められることもさほどありません。ところが連帯保証人とは、これまでに築いてきた人間関係があります。だから、連帯保証人がいれば滞納が恥ずかしかったり、バツが悪かったりするので「ちゃんと支払わなきゃ」という抑止力にもなります。

また連帯保証人自身も、自分の滞納ではないのに、督促される当事者になったり裁判の被告になったりするため、何とか解決しようとします。

その気持ちを汲み取れば、連帯保証人は、家主さんの最高の味方になってくれる存在でもあるのです。

家賃保証会社も心強いのですが、賃借人へのプレッシャーにはなりません。そのため、可能であれば、**家賃保証会社だけではなく、もっと身近な連帯保証人を確保しておくとよいでしょう**。

では、どのような連帯保証人が、一番いいのでしょうか。

基本的には、**血のつながりのある身内がベスト**です。続柄で「義兄」とか書かれている賃貸借契約書も見ますが、これはまったくの第三者の場合もあるので気をつけてください。賃借人が勤めている会社の雇用主の場合は信頼性が高くなりますが、友人は避けておいたほうが無難でしょう。

契約書などに書かれている字もよく確認してください。

私の経験則ですが、**字がきれい、もしくは丁寧に書いている連帯保証人は、誠実に対応してくれるケースが多い**です。

また、**連帯保証人とのコンタクトは、契約時にしかとらないかもしれませんが、それは危険**です。長い賃貸借契約の期間で、連帯保証人が亡くなったり転居したりすることもあるからです。

そのため、契約の更新のたびに「おかげさまで、また更新を迎えました。ありがとうございます」といったお知らせと、**お礼の書面を送るようにすれば、連帯保証人の所在などの確認もできる**ようになります。

POINT

- **連帯保証人は、なるべく血のつながりがある人にする**
- **契約書などの書類の連帯保証人の字が丁寧かどうかも確認する**
- **契約の更新時期には必ず連帯保証人とコンタクトをとる**

CASE 10

住民票から悪質賃借人を見抜く

謎の荷物が保管されている部屋

家主の自宅と物件が隣接している場合、悪質な入居者がいると生活が脅かされてしまいます。ある賃借人（入居者）の連帯保証人の知人と名乗る男性が、ある日突然、家主宅に来ました。その男性の話を要約すると、次のとおりです。

- 賃借人は罪を犯して逃げている（行方不明）
- 連帯保証人も罪を犯して現在収監中
- 連帯保証人は収監されるまでこの物件に住んでいた
- 室内に入って連帯保証人の荷物を運び出したい

家主さんはびっくりしてご相談に来られました。賃借人が不在である以上、連帯保証人の知人だからといって部屋へ立ち入らせるわけにはいきません。ひとまず、**滞納額が5か月以上**溜まっていたので、明け渡しの手続きをすることにしました。

この場合、賃借人だけでなく、**刑務所にいる連帯保証人**も被告にするしかありません。

訴状が手元に届いたのでしょうか。塀の向こう側にいる連帯保証人から手紙が届きました。何がなんでも自分の荷物を運び出したいようです。知人と名乗る男性からも、電話がかかってきました。その人は収監された連帯保証人の身元引受人であると主張しますが、正式な代理人でないため何も話せません。ただふたりの様子から、本当に荷物を運び出したいのだなという印象を受けました。

賃借人は犯罪者で逃げ回っている、連帯保証人も収監中で荷物に執着している……いったいどんな荷物なのでしょうか。犯罪に絡むものかしら、それとも見つかったら困るもの？　まさかの犯罪証拠品？　妄想が止まりません。

入居当時の賃貸借契約書などを確認していると、賃借人の住民票に目が留まりました。

通常、**住民票には住所履歴が記載され、いつ今の住所になったかがわかります**。ところが、この住民票には【〇年〇月〇日住所設定】と記載されていました。これは、前住所が消されたことを意味します。役所が何らかのタイミングで「この人はここに住んでいない」と判断した場合、住民登録を職権消除（市区町村が職権で住民票を消すこと）することがあります。一般的にこのようなケースは、**住民登録を異動できない「何か」理由がある**のでしょう。普通に考えれば、よくないことと推測できそうです。

判決が出て強制執行になるまでの間も、知人と名乗る人から「立ち入りたい」という電話があり、連帯保証人からは手紙が届きました。しかし、荷物がどちらのものかはっきりわからない限り、やはり渡すことはできません。「具体的にどの荷物か指示していただければ、強制執行のときに保管してもらうよう、執行官に頼んでみます」と言ってみましたが、言葉では伝えれらないとのこと。ますます怪しさが増します。

結局、強制執行で中に立ち入ったときも、どれが必要なものだったのかがわからず、すべての荷物は運び出されました。

滞納に犯罪が絡むケースも増えました。裁判上の手続きを通せば、家主さんが法に問われることはありません。安心を買う意味でも、必要な手続きだったと思います。

CASE 10

予防策と解決法

入居の申し込みがあったとき、家主側でどれだけ審査をしているでしょうか。家賃保証会社の審査が通ったからと、何もチェックしない家主さんもいらっしゃいますが、それはやはり危険です。

まず**入居申込書に記載されたものは、何でもインターネットで検索**してみましょう。住所・氏名・勤務先・勤務先のホームページ、電話番号などです。最近は**SNSで、個人の情報が確認できる場合があります**。

私たちも事件を受託すると、まずすべての情報を検索してみます。すると意外とたくさん情報が出てくるのです。

たとえばフェイスブックなどでは、悪さをしながら「イエーイ」とピースした写真とかも確認できる場合があります。犯罪履歴の情報や、掲示板への書き込みも出てくるときがあります。このような情報をあらかじめ得ていれば、入居を拒むこともできるわけです。

また、**入居希望者の現住所の情報は貴重です。地図で検索してみると、その住所が実際にあるものかどうかもわかります。**

中には、実在しない住所を記載する入居希望者もいるので、必ずチェックしましょう。住所から物件の特定ができれば、入居希望者の住んでいる物件の値段や広さもある程度はわかります。今回の入居を希望している部屋と比べて、引越しの理由と整合性がとれればOK。そうでない場合には、慎重に審査しなければなりません。

今回のケースのように、賃借人からの了承がないのに、第三者が「部屋に入りたい」と言うこともあります。簡単に鍵を開けてしまうと、後からトラブルに巻き込まれることもあります。**賃借人以外が勝手に部屋へ立ち入ることは、住居不法侵入罪に該当する可能性があるからです。**

本人にまず連絡を取って、取れない場合には事件性があるかどうか判断しましょう。お身内や勤務先から安否確認があった場合には、警察立ち会いで開錠します。

それ以外は、よほどの緊急性がない限り、本人の同意がなければ止めておいたほうが無難です。

賃借人本人への連絡は、電話が不通だった場合、ショートメールや書面で問い合わせしてみます。それでも回答がない場合には、第三者にその旨を話して立ち入りは断念してもらうのが無難です。

POINT

- **第三者からの入室希望があっても、賃借人の許可がない場合は拒む**
- **審査は家賃保証会社だけに頼らず自分でも確認する**
- **住民票の文言ひとつまで細かく確認する**

CASE 11

添付書類は「偽造」の場合もある

すべて偽物、部屋は空っぽ……

連帯保証人がいると、任意退去の交渉成功率が上がります。

連帯保証人は、直接悪いことをしている当事者ではないので、自分に火の粉がかかるのを嫌がり、家主側に協力してくれることが多いからです。

今回のケースは、賃借人が弟、連帯保証人が兄です。**滞納**がはじまりましたが、弟は外資系フルコミッションの保険会社、兄は大手企業勤務です。賃借人の住民票も、連帯保証人の印鑑証明書もあるので、「簡単に退去させられるな」、単純にそう感じた案件でした。

住民票は入居申し込み当時のものなので、最新の情報を得るために役所へ行きました。ところが住民票も除票（住民登録が抹消された住民票）も「該当なし」で上がりません。おかしいと思いつつ、時間がなかったのでひとまず退散。翌日、戸籍の附票（住所の移転履歴を記録した書類）を取りに別の役所へ行きましたが、やはり「該当なし」。そんなことがあるはずがありません。この賃借人は、入居してまだ2年です。**管轄外に転居した後の除票は、5年間は保存**されます。家主さんから渡された住民票には、透かしが入っています。それにもかかわらず「該当なし」ということは、この住民票が偽造ということです。

連帯保証人の印鑑証明書からも、住民票などを取得しようと試みましたが、同じく「該当なし」。こちらも透かしがちゃんと入っているので、これも偽造ということでしょうか。

その一方で、賃借人は確定申告をしており、所得証明は税務申告書の控えでした。税理士の印鑑も押されています。ネットで調べると、その税理士事務所のホームページがあったので、念のため、事実確認の電話をかけてみると、驚くべきお返事がご担当（のはず）の税理士さんから返ってきたのです。

「私はその方の確定申告を担当していません」

ホームページの電話番号と、確定申告書の控えの電話番号は同じです。税理士さんの苗字も同じですが、下のお名前が違いました。同じエリアに同じ苗字の税理士さんはいないとのことでした。優しい税理士さんに甘え、手元の控えをファックスし、確認してもらうと、やはり「この申告書は自分のものではない」ということでした。この税理士さんは電子で書類の申告をされるので、送った書面は絶対にあり得ないというのです。

印鑑証明書も住民票も、そして確定申告の控えもすべて偽造……、ここまでくると、そう考えることが妥当でした。ということは免許証も偽造としか考えられません。偽造書類は、とても精巧につくられていました。本物と見比べても、ほとんど差がなく、強いて言うなら、若干、罫線の位置がズレているかな、その程度のものでした。

すべてが偽造ということなら、誰を相手に裁判を起こしていいのかもわかりません。とりあえず警察立ち会いのもと、家主さんと部屋に入ってみることにしました。

すると、室内は、見事にもぬけの殻。使った形跡はあるものの、チリひとつ落ちていません。警察の方が言うには、**この部屋は振り込め詐欺のアジトとしてマークされていた**とのこと。犯人たちは捜査の気配に気づき、逃げたということでしょうか……。

CASE 11

予防策と解決法

添付書類をもらうタイミングでは、すでに賃貸借契約を締結している場合があります。そのため、もし添付書類から何かを感じても、契約を白紙にすることは、心情的にやりにくいかもしれません。

しかし、**添付書類をきちんと隅から隅まで確認**する癖をつけておきましょう。

そうすれば、トラブルを防ぐ気づきが得られるかもしれないからです。

たとえば今回のケースでも、おかしな点がいくつかありました。

連帯保証人であるお兄さんは大手企業に勤務となっているので、年収もかなり高額なはずです。それにも関わらず、印鑑証明書の住所は埼玉の木造アパート。家賃3万5千円の物件です。通勤だってかなりの時間がかかります。堅実ということでしょうか。

一方、弟である賃借人は、ひとり住まいなのに広さが60㎡もある部屋を借りています。これだけでも、ちぐはぐとした違和感を覚えます。

もし、この状況が真実だとしても、堅実すぎるお兄さんが、家賃が自分の部屋の8倍以上もするこの物件の連帯保証人になることは考えにくいです。

素直に考えると、印鑑証明書を取得するためだけに住民登録した連帯保証人屋によるものか、すべてが偽造かということになります。


また賃借人の書類にも、おかしな部分がありました。**住民票の住所をよく確認すると、そのような住所がない**のです。

1文字違いの町名で、住所を検索してみると、住民票に記載された建物が建っています。わざと1文字変えて住民票を偽造したのでしょう。

住民票の記載も、よくよく確認すると、文言が間違っていたり、枠の取り方が変わっていたりしました。

住民票を確認する習慣がないと、その差には気づきにくいでしょう。

契約後であったとしても、おかしいと思えば賃借人に確認することができます。

家主さんの話によると、今回は書類がすべてそろっていたので、中身をまったくチェックしなかったとのことでした。

「物がある」というだけで安心するのではなく、常に隅から隅まで確認する癖をつけましょう。そうすることで、トラブル発生のタイミングをいち早く察知することができます。

POINT

- **賃貸借契約書は与えられた情報と辻褄が合わない部分がないか確認する**
- **住民票も印鑑証明書も隅から隅までしっかりチェックする**
- **おかしいと気がついたら契約後であっても相手方に確認する**

CASE 12

「小さな情報がトラブル解決の鍵を握る」

授かったのは新しい命と生活保護

賃借人は、20代前半の若いカップルです。結婚を前提に同棲をはじめるということでした。夢描く時期なのに、ふたりが入居を申し込んだのは木造アパートの築古物件です。今どきの若者にしては堅実だなと、家主さんは好感を抱いたほどでした。気になる点があるとすれば、「連帯保証人がいない」「勤務先がよくわからない」「ふたりに覇気がない」。それでも空室だった部屋にようやく灯りがつき、家主さんはホッとしました。

入居から3か月が過ぎた頃から、家賃の振込みが遅れがちになりました。ふたりで働けば十分に支払える家賃。家主さんは不審に思い、カップルの部屋を訪ねました。

時刻はちょうど夕飯どき。部屋には電気がつき、食器がカタカタなる音まで聞こえてきます。ところがふたりの会話が聞こえてきません。「ケンカでもしたかな……」、そう思いながらドアをノックしても無反応、居留守です。完全な滞納状態ではないので、家主さんは、その日はそのまま家に戻りました。

残念なことに、ここから本格的に**家賃滞納**がはじまりました。**当初は遅れながらも入金がありましたが、完全に支払いがストップしてしまった**のです。「このままだと滞納賃料がどんどん加算されてしまう」と、家主さんから明け渡しの訴訟手続きの依頼を受けました。**滞納はすでに4か月ほど。入居からわずか8か月**しかたっていませんでした。

まず内容証明で支払いを促しましたが、反応はありません。仕方がないので最短で訴訟を申し立ててから、現場へ足を運びましたが、家主さんのときと同じです。部屋の中に人の気配はあるのに、居留守を使われてしまいます。しかも平日の昼間の時間。「仕事を辞めてしまったかな」、そう思いながら、準備していた手紙を置いて、その日は帰りました。

それから数日たった頃、彼のほうから電話がありました。滞納の理由は、ふたりとも仕事を辞めてしまったからだと言います。次の就職先が見つけられず、わずかな貯金を切り崩して生活しているとのことでした。その生活の大変さを、延々と話し続けていましたが、仕事を辞めることになった理由が衝撃的でした。

「僕たち、躁鬱《そううつ》病なんです」

鬱状態になってしまうと仕事を休みがちになり、会社を辞めてしまったとか。さらに驚いたことに、彼女は妊娠されているというじゃないですか。仕事がなくて収入がない、さらに彼女は妊娠もして余計に働きにくくなっています。親御さんに相談したのか尋ねてみると、答えは「ノー」。ふたりだけの問題ではないので、親御さんに助けを求めたらどうかとアドバイスをしたところ、饒舌《じょうぜつ》だった彼が途端に言葉を失います。

「一緒に行ってあげようか」

乗りかかった船……。私も一緒に彼らの親御さんと会うことになりました。

4人の親と若いカップル、そして私。一同が集まった空気は重いものでした。

「何とかふたりに協力していただけませんか」

私はそう言うしかありませんでしたが、空気はますます重くなり、押しつぶされそうです。長い沈黙の後、彼の父親が口火を切りました。

「反対したのに、ふたりは家を出てしまった」「薬も服用しているので出産は考え直してほしい」「実家に戻ってきてほしい」「戻らないなら援助はしない」。そのような内容でした。

ごもっとも……そう思いましたが、若いカップルは首を縦に振りません。

「どうしても中絶はしたくない」「このままふたりで生活したい」「実家には戻らない」。

話は最後まで平行線をたどり、親御さんの助けは受けられそうにありません……。


親御さんの援助も得られず、本人たちに支払い能力もなければ職もない、しかも数か月後には子供まで産まれるとなれば、ひとまず行政に頼るしかありません。ここから躁状態の彼と一緒に、役所通いがはじまりました。鬱状態になると、外へ出ることもできないそうです。限られた時間のなか、何度も何度も役所へ通い、やっと申請が通りました。

こうして若いカップルは、**生活保護を受給することで生活を維持**することになりました。**訴訟のほうは、彼らが新居へと引越したことで取り下げ**、事件は終了しました。

転居の時期、残念ながらふたりは完全に鬱状態だったので、ほとんど言葉を交わせずに終わってしまいました。数か月後、子供は無事に生まれたのでしょうか……。

CASE 12

予防策と解決法

身内の連帯保証人や緊急連絡先は、絶対に確保しましょう。連帯保証人を、「お金を払ってくれる人」と思ってはいけません。「任意退去を促してくれる人」と認識してください。とくに若い賃借人の親御さんは、まだ現役世代でお元気な方が多いです。仮に支払い能力に不安があったとしても、連帯保証人をお願いしておいたほうが早期解決につながりやすいです。

どうしても連帯保証人の確保ができない場合は、緊急連絡先を必ずもらっておいてください。こちらも第三者より身内の連絡先をおすすめします。

また、書類に「連帯保証人」「緊急連絡先」の記載があったとしても、それが正しいとは限りません。必ず、次のような趣旨の電話をしてみましょう。

「〇×アパートの家主です。このたび〇〇さんの賃貸借契約において、連帯保証人（緊急

連絡先）としてお名前をちょうだいしました。どうぞよろしくお願いします」

もし記載の電話番号が間違っていれば、賃借人は虚偽の記載をしたことになります。新たな連帯保証人などを出してもらうとともに、要注意人物としてマークしておきます。**虚偽の記載をするようなタイプは、家賃滞納や生活のうえでもトラブルを起こしやすい**ので、早期発見できるように注意しておきましょう。

連帯保証人や緊急連絡先と連絡がついたら、さらに、直接挨拶をし、可能であれば、少しでもいいので雑談をしてみましょう。そのときの対応や反応で、協力してくれそうな人なのかどうなのか、また賃借人との関係性なども見えてくると思います。

些細な情報の積み重ねが、賃貸トラブルを早期解決へ導く鍵となります。やりとりの一部始終を、記録しておきましょう。

賃借人に対しては、契約をする前に、疑問に思ったことは色々聞いておきましょう。

今回のような若いカップルのケースを例にすると、「なぜ親御さんの連絡先がもらえないのか」「仕事はどうなのか」などです。

契約をして鍵を渡してしまうと、「出て行ってほしい」と思っても、なかなか退去してもらえません。

「早く空室を埋めたい」という気持ちに押されて、**疑問や不安を抱えたまま鍵を渡してしまうのではなく、発想を変え、いい入居者を確保することに力を注ぎましょう。**

そのうえで、少しでも不安を感じる入居申込者がいたら、不安が解消されるまで確認してください。

入居者とうまくコミュニケーションがとれればとれるだけ、トラブルは避けられ、もし、トラブルが起こっても早期に解決ができます。

今回のケースでは、家主さんが部屋を訪ねたとき、居留守を使われたので、そのままにしてしまいましたが、こんなときは、根気強く訪ねていきましょう。また会えないことも想定して、用件を書いた手紙を準備し、持っていきましょう。

手紙には、**家賃が遅れていることをとがめるような強い文言は、逆効果**です。

「何かあったのではないかと心配しています」と、**相手方が連絡しやすい状況をつくってください**。

まずは賃借人側の情報をできるだけ多く入手し、そのうえで今後の対策を検討するのが効果的です。

情報があればあるだけ、対策を練ることができます。

愛情をもって、入居者と物件に目を向けましょう。

POINT

- **契約前に気になるところはきちんと確認する**
- **いい入居者を確保することに力を注ぐ**
- **日頃のコミュニケーションがトラブル解決につながると心得る**

不動産トラブル用語集 2

用語	意味
賃貸借契約書	家主側が部屋の賃貸を、借主側が賃料を支払うことを相互で確約した書面
必要書類	賃貸借契約書と一緒に家主へ提出する住民票や所得証明書、連帯保証人の印鑑証明書など
連帯保証人	賃借人が契約した部屋から退去するまでの賃貸借契約上の債務を、家主に対して連帯して保証する人
緊急連絡先	賃借人に何かあった場合の連絡先。法的に責任を負う者ではない
督促状	家賃滞納があった場合、家主側から借主側へ支払いを促す書面

第3章

もう悩まない！
滞納トラブルの
予防策と解決法

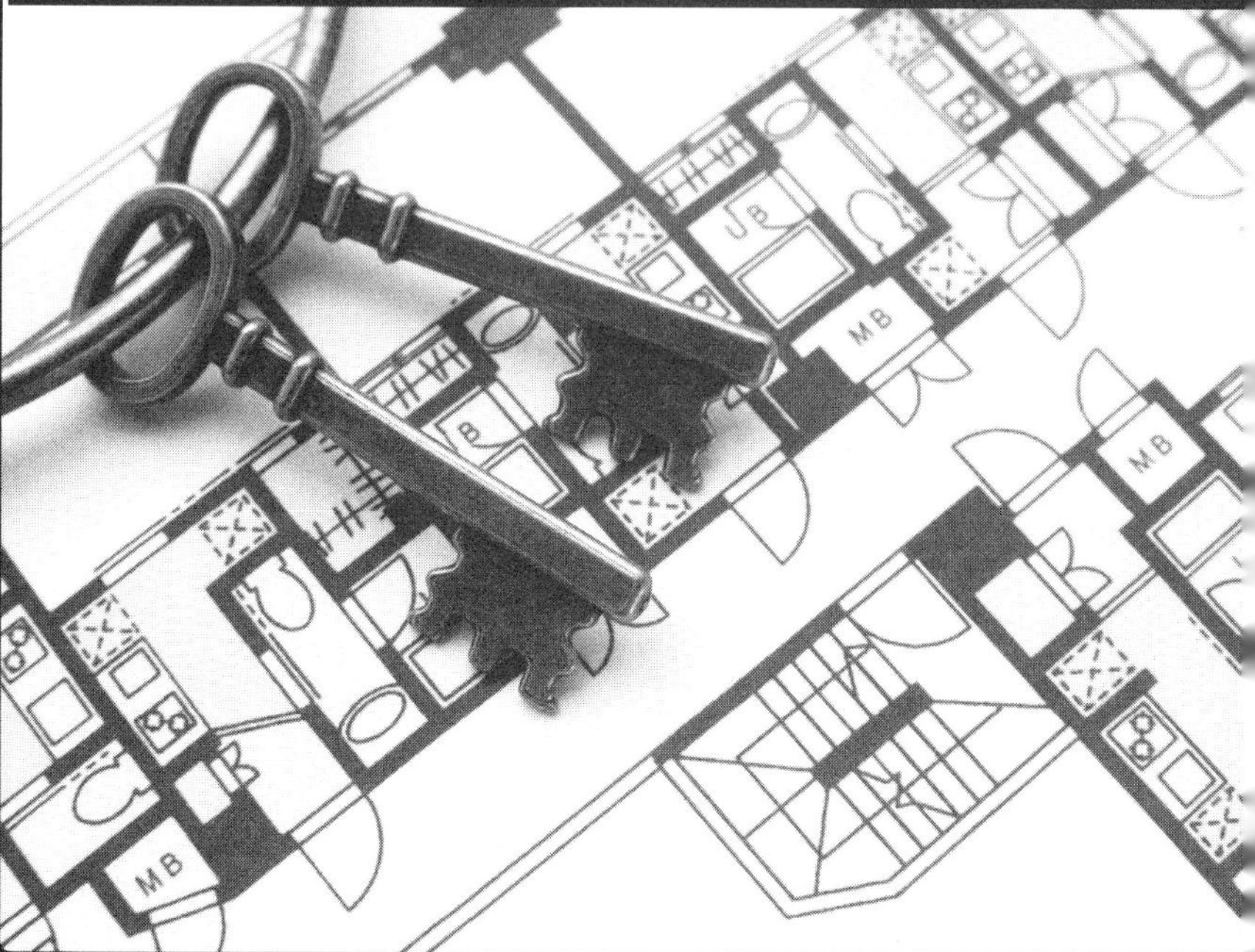

CASE 13

滞納トラブルの基礎知識①

「まさか」ばかりの強制執行

親御さんがお亡くなりになり、収益物件を相続した家主さんからのご相談です。

もともとは父親が、管理会社を頼らず、おひとりで賃貸経営をされていたそうで、ご家族の方ですら、まったくノータッチだったようです。しかし、父親が突然亡くなったので、引き継ぎができず、詳細もわからず困っていらっしゃいました。

具体的なご相談内容は、かれこれ**5年近く滞納をしている入居者がおそらくすでに退去**してしまったのだろうということ。そんなことはあり得ないと言いたいところですが、**解約関係の書面が見当たりません。**

賃貸借契約書を見てみると、賃借人の職業はテレビ局のカメラマンで、まだ30過ぎの男性です。部屋は20㎡ほどのワンルームなので、お年頃だし結婚などで退去したのを、当時の家主さんだった父親が看過していたのでは、という推測をすることもできます。

現場へ行ってみると、2階にあるその部屋は、シャッターが閉められた状態で、人が住んでいる様子が伺えません。ただ、解約関連の書面も何もなく鍵の返却もないので、この状態で鍵を開けて部屋に入るのはリスクがあります。結局、新米家主さんは、王道の訴訟手続きで解決する選択をされました。

当然ながら、**賃借人とコンタクトはとれず、裁判期日も欠席**です。5年間の滞納があるので、あっさり明け渡しの判決が言い渡されました。家主さんから、「早く次の人に部屋を貸したい」との希望があったので、最短で強制執行を申し立てました。これでようやく、室内の様子を確認できるところまできました。

強制執行の第1回目、催告の日。夏の暑い日でした。執行の補助をしてくれる業者さんと、現場で執行官を待っていました。相変わらず窓はシャッターが閉まったまま。ですが、なんとエアコンの室外機が回っているじゃないですか！　一瞬、関係者全員が固まります。

そんな中、執行官が登場。「太田垣さん、これ夜逃げの案件でしたよね？」「はい、そのはずでしたが、**中に…、人がいるようです……**」と私。執行官も驚きを隠せません。

本来、事件を受託したら何度も現場へ行くのですが、当時、私の事務所は大阪、現場は横浜で、現場の確認を数回しかできませんでした。さらに、季節は春。室外機は止まったままなので、滞納者がまだ住んでいることに気がつけませんでした。


インターホンを鳴らしても、反応はありません。仕方なく鍵屋さんが開けようとすると、部屋の内側から開錠され、大きな白いシルエットが現われました。何年も陽に当たっていないからか肌は色白く、身体は脂肪で揺れていました。私たちを見て驚き、足が震えています。シャッターが閉められた真っ暗な室内は、ぼんぼりのようにパソコンのディスプレイだけが光っていました。彼はテレビ局を辞め、部屋に引きこもって、夜中にコンビニで食糧を調達して暗闇の世界でこの数年を過ごしていたようです。

執行官が事の経緯を説明をし、最終的には断行日の直前に退去しました。コミュニケーションもうまくとれないようで、今にも失禁しそうなほど震えていた姿が忘れられません。

CASE 13

予防策と解決法

家主さんの中には、毎月の入金をしっかりチェックしない方がいらっしゃいますが、これは賃貸経営で一番やってはいけないことです。

毎月の支払い日には必ず入金を確認し、入金されていなければ翌日にも再度確認し、それでも入金がなければ、すぐに督促をしましょう。督促のタイミングが遅くなればなるほど、回収率が下がってしまいます。

入居者がうっかり入金を忘れているのなら、督促後にすぐ支払うでしょうし、お金がなくて払っていないのなら、督促を受けて「どうにかしなきゃ」と思うはずです。

しかし、**督促をされないと、「何だ、いいのか」と、ずるずる支払いが先延ばしになり、本人も支払わなきゃいけない、という緊迫感が薄れていってしまいます。**

だから督促は重要なのです。**必ず毎月入金をチェックし、適切な督促**をしましょう。

督促を書面でする場合、ドアに書面を貼りつけたり、わかるように挟んだりすることは避けましょう。何らかの形で滞納が第三者の目に触れる状況は、名誉棄損などに該当する可能性があるからです。**督促状は郵送するか、ポストに完全に入れる**ようにします。

督促は、いきなり内容証明郵便で送る必要はありませんが、「いつ」「どういう形で」「どんな書面で」督促したかはきちんと記録しておきましょう。督促状には、改めて振込み先も明記しておきます。

また電話をかける場合には、1日に何度もかけるのはやめましょう。着信履歴が残るので、何度もかけてしまうのは逆効果です。**留守番電話の場合には、事務的なメッセージを残す程度が丁度いい**でしょう。

会社に督促の電話をかける家主さんもいらっしゃいますが、ここは慎重になってください。個人名でかけたとしても、携帯電話がある今の時代、会社に電話をかけるのは借金の取り立てくらいなので、なかなか取り合ってもらえません。

何度も滞納者に連絡をして、それでも折り返しの連絡がなかった場合、「致し方なく会社に連絡せざるを得ない」ことを事前に伝えたうえで会社に電話をかけるようにしましょう。

連帯保証人へは、第1回目の督促のときから、きちんと連絡をするようにします。滞納額が増えてから連絡すると「なぜここまで放置したのか」と逆ギレされてしまう可能性もあるからです。

「督促しても連絡がつかない」「家賃3か月分以上の滞納がある」。この条件がそろえば、法的手続きに移行したほうが、**結果的に家主さんの経済的負担が少なくすむ**ことを覚えておきましょう。

POINT

- **家賃の入金は毎月きちんとチェックする**
- **家賃の入金がなければすぐに督促をする**
- **勤務先に督促の電話をするのは最後の手段**

CASE 14

滞納トラブルの基礎知識②

きっかけは転職貧乏

若い人の滞納が増えてきました。色々な事情があるのでしょうが、仕事を辞めた後、思ったような就職先を見つけられず、滞納がはじまるパターンが多いようです。

今回のご相談は、そんな**転職がきっかけで家賃を支払えなくなった賃借人の案件**です。

賃貸借契約書を確認すると、賃借人は大手建設会社の建築士、30代前半の独身男性です。**入居当時は、遅れることなく入金がありましたが、ある日を境に支払いがストップ**。ここが退職のタイミングと思われます。連帯保証人はお姉さん。すでに何度か滞納分を支払われたそうですが、「これ以上は難しい」と言われたので、法的手続きに移りました。

裁判を申し立てた後、いきなり訴状が連帯保証人に届くと驚かれると思い、先に私から手紙を送りました。手紙の内容は、任意退去ご協力のお願いです。

手紙が着いた頃でしょうか、連帯保証人であるお姉さんのご主人から電話がありました。たたみかけるような話し方でとても横柄です。

「何度も家賃を立て替えたんだから、今回は争います！」

争ってもいいのですが、まずは任意退去に協力してほしい旨をお伝えすると、

「無理です！　こっちは早い段階で退去するよう言ったから、もう放り出してください！」

色々な感情があるのか、かなり口調を荒げて話されます。切電後、会話の中に法律用語がチラチラあったのが気になり、名前をネットで検索してみると、弁護士の先生でした。

どうやら賃借人は、一族の厄介者のようです。当の本人とは連絡がまったくつきません。仕事なのかどうかはわかりませんが、毎日ふらっと外には出かけるようです。訪問しても手紙を送っても反応がありません。

「これは裁判の期日までの退去は難しいかな……」、そう思っていました。

それからしばらくして、連帯保証人のご主人から電話がありました。賃借人の様子が聞きたかったようです。今回の電話は、かなりトーンダウンされていました。

「今回の件も、（賃借人は）母親に滞納額を払えという手紙を送りつけてきたんです。詫びのひと言もなく……。私は義理の兄なので強く言えず……。簡単に転職できると思ったようなんですが、思うような会社に恵まれず、そこから荒れてしまって……」。

前回のような感じの悪さはなく、ご家族のやるせない気持ちが伝わってきました。

結局、賃借人は裁判も欠席。**判決書が届いた頃、賃借人から連絡がきました**。**「生活保護を受給する」「滞納分を払う余裕はない」「連帯保証人から取れ」**、そんな内容です。30代といえば、仕事が面白くなってきて仕方がない時期でしょう。身体も元気なのに生活保護を受給して、この先どうしていくというのでしょう。

結局、最後は強制執行で退去していきましたが、最後の最後まで迷惑をかけたことへの謝罪はありませんでした。そして連帯保証人は、法的手続きがわかっているだけあって、早々に責任分の支払いをすませて事件終了。挫折からの滞納は、傷が深くなる可能性があります。滞納者の将来が気になってしまった一件です。

CASE 14

予防策と解決法

若い賃借人の場合、貯金がそれほどないからか、仕事の変化がすぐに滞納へとつながるようです。アルバイトをすれば何とかなるはずですが、生活保護が浸透したからでしょうか、そのまま引きこもってしまうことが多いようです。

また、実家に戻れば生活ができると思うのですが、小言を聞くのが嫌なのでしょうか、みな口々に「実家には戻りたくない」と言います。

このような場合、**本人の改善や前向きな姿勢が見られなかったら、すぐに支払い状況をしっかりチェックして、早めに法的手続き**を取りましょう。

連帯保証人が代わりに払ってくれると、ひとまず安心できますが、**連帯保証人も未来永劫払い続けてくれるとは限りません**。

あまり連帯保証人にばかり督促すると、連絡がつかなくなってしまうこともあるので、**こ**

ちらの味方として協力してもらえるように立ちまわりましょう。

滞納額を連帯保証人に何度か払ってもらったら、一度お伺いし、「このままずっと払っていただくのも大変でしょうし、どうしましょうか」と相談してみます。

そのとき、「もう退去させてください」と先方からお願いされたら、法的手続きに移行したほうが最終的に全額の回収ができて裁判費用だけの負担で終わります。

滞納者が「家賃にいくらかプラスして支払うので、退去は勘弁してください」と言ってくることがあります。

しかし、家賃を3か月分も溜めれば、通常、ゆうに10万円は超える滞納額になります。そもそも滞納している人が、たとえば、「家賃プラス1万円」を払い続けることができるでしょうか。あまり、現実的だとは思えません。

だからこそ**賃料の滞納問題は、滞納額が少ないうちから動いて、傷を浅くすることが重要です。**

「これからはきちんと支払います」といった確約書を取る方法もありますが、それだけではなかなか解決につながりません。

約束したけど守らなかった、そのタイミングですぐに法的手続きを行なわないと、「払わなくても大丈夫なんだな」と甘えられ、残念ながら滞納が長引いてしまいます。

POINT

- **なぜ滞納をしているのか原因を探る**
- **連帯保証人が味方になってくれるように関係を築き、協力してもらう**
- **確約書で安心せず、次の滞納があればすぐに法的手続きに移行する**

CASE 15

滞納は「払ってもらえば０Ｋ」ではない

滞納が解決したその先に……

新築当時から入居している、50代の独身女性の滞納についてご相談がありました。**30年近く住んでもらっているので、家主さんも対応に困っていました。**きちんと会社にお勤めだし、どうして支払いが滞ってきたのかがわからないというのです。家主さんは本業がお医者さん。経済的余裕があることから、「払います」と言われてしまうと、なかなか強い督促ができなかったようです。

そんなこんなで、ご相談に来られたとき、**滞納額は２００万円**ほどになっていました。

家賃滞納の問題は、金額が多くなってしまえばしまうほど解決が難しくなります。滞納者は、他にも借金を抱えていることがあるので、明け渡しはできても、滞納分の回収はなかなかできません。**対応時期の目安は「家賃3か月分」**と心得えて手続きを取れば、傷を浅くできます。この観点からすると、滞納額200万円超えは、かなり高額です。

「長い間住んでいただいているので、情もあります」

家主さんの気持ちもわかるので、まずは内容証明郵便を送ってみました。

それからすぐに、賃借人から連絡がありました。「きちんと払うので、このまま住み続けたい」と。しかし、これだけ高額なお金を一括で支払えるなら、滞納にはなりません。滞納理由を尋ねても、明確な回答はありません。「父に払ってもらいますから」の一点張りで、任意退去は難しそうでした。

仕方がないので、家賃が支払われた場合、「裁判上で継続に関する和解をしたほうがいいのでは」と家主さんにアドバイスをしたら、「裁判はちょっと……」ということだったので、父親からの入金を待つことになりました。

約束から10日ほど遅れた頃、予想に反して、**全額が支払われました。**

「めずらしいな」と思いつつ、家主さんも裁判をせずにすんだので、喜ばれていました。ただ、**滞納を繰り返さないように、「今後はきちんと支払います」という確約書をもらうことにしました。そこには連帯保証人の署名押印もしてもらいます。**高額な代位弁済をしてもらうと、連帯保証人から、「次からはもう知らない」と言われることがあるからです。

滞納者は、確約書を一瞬拒んだものの、最終的には提出してくれました。しかし、印鑑証明書の添付がありません。「親に頼んでいるので、入手次第お渡しします」と言うので、「怪しい」と思いましたが、家主さんが「お金も入ったので今回はこれでいいです」ということで終了しました。

それから1年ほどたった頃でしょうか。家主さんから連絡がありました。

「例の賃借人が逮捕されてしまいました」

どうやらあれ以降、また家賃の滞納があったようです。そして逮捕の理由は、横領。以前、「父が支払った」という**滞納額は、勤め先のお金を横領したお金**だったようです。しかも、**確約書を作成した当時、父親はすでに他界。代筆による偽造**だったのです。

悲しいことに、家主さんの優しさが裏目に出てしまった案件でした。

CASE 15

予防策と解決法

滞納額が溜まってしまうと、回収が難しくなります。

毎月必ず督促をするなど、滞納額を溜めないような工夫が重要です。同時に、それでも溜まってしまった場合、早期に裁判手続きを取れば、家主さんの負担が少なくてすみます。繰り返しになりますが、**手続きに入る目安は、「家賃3か月分」**と覚えておきましょう。

一括で滞納額が支払われた場合、家主さんは安心してしまいがちです。しかし、実はここからが勝負です。必ず「今後はきちんと支払います」という内容の確約書をもらいましょう。

そしてまた滞納がはじまったら、すぐに法的手続きを取ってください。

一括で滞納額の支払いがあった場合、その多くは消費者金融などから借りたお金です。

すると以降、そちらの返済もしなければいけないので、また家賃の滞納がはじまる悪循環に陥ってしまいます。

また確約書を取ったのに、滞納後に何もしないままでいると、滞納者を安心させてしまい、きちんと家賃が支払われる確率が、ぐっと下がってしまいます。「確約書さえ書けば、滞納しても大丈夫」という印象を滞納者に与えてしまうからです。

「約束を守らなければ退去させられる」、そう認識してもらわなければなりません。**確約書は提出してもらって安心するのではなく、そこからが勝負**だと思ってください。

そして、**連帯保証人は、家主さんにとって、最後の砦**です。しっかり味方になってもらわなければなりません。そのためにも**更新のたびにコミュニケーションをとっておきましょう**。しかし、大げさに考える必要はありません。

ケース9の解決法と予防策（P71〜73）でも述べましたが、**「また更新を迎えることができました。よろしくお願いします」**

といった内容の手紙を、連帯保証人に送るだけで効果があります。

また、そうすることで連帯保証人が転居してしまったことや、お亡くなりになったことを知るきっかけにもなります。その際、確実に連帯保証人の生存を確認する意味でも、印鑑証明書の提出や連絡をとることも重要です。

ほんの少しの手間で、トラブルを避けることができるので、面倒がらずに更新のたびに連帯保証人とコミュニケーションを積極的にとりましょう。

今回のケースのように、**連帯保証人が万が一お亡くなりになられても、まったく保証がなくなるわけではありません。連帯保証人の地位は相続される**ので、相続された連帯保証人に家賃を請求することができます。

POINT

- **滞納額は溜めずに「家賃3か月分」から法的手続きに移行する**
- **一括で支払ってもらった場合、その後の支払いに注意する**
- **連帯保証人とはコミュニケーションをとり続ける**

CASE 16

滞納の負担を最小限にする督促と手続きの流れ

控訴状でのらりくらり時間稼ぎ

「滞納者とまったく連絡がつかない」と、ご相談がありました。

住んでいることは間違いないのに、現場へ行っても居留守を使われ、電話をしても留守番電話にすらならず、折り返しの連絡もない。勤務先に連絡をしても「伝えておきます」と言われるだけ。そんなこんなで家主さんは頭を抱えていらっしゃいました。

滞納者はタクシーの運転手。**部屋は家賃7万円のワンルームで、滞納額は50万円を超えていました**。連帯保証人はおらず、60代の独身男性です。緊急連絡先もありません。

内容証明郵便を何度送っても、賃借人は受け取ってくれません。

仕方がないので、訴訟を申し立て、その後も何度も手紙を送りましたが、反応はありません。裁判所からの訴状も受け取らないので、何度も現場へ足を運んで、そのたびに置き手紙をするのですが、まったく連絡がつかない状況です。**最終手段として勤務先に連絡をすると、勤務先の方も慣れているのか、驚きもしません。**このときも「連絡するように伝えておきます」のみ。結局、賃借人と一度も直接話をすることができませんでした。

「これなら裁判も欠席で、すぐ判決が出るかな」、なんて軽く考えていたら、賃借人から裁判直前に答弁書（訴えられた人が訴状に対して反論する書面）が出されました。反論の内容は、「家主側の取り立てのやり方がひどく、話し合いどころじゃなかった。督促方法が違法としか思えなかったので、支払わなかっただけ」といったものでした。家主さんに確認すると、当然、「そんな事実はない」とのこと。裁判所にその旨を主張しましたが、**答弁書が出た以上、賃借人がいないと事実関係をはっきりさせる審理ができない**ので、また1回期日を取られてしまいました。

次回期日でも賃借人が欠席したので、ようやく明け渡しの判決をもらえました。これですぐに強制執行に着手できると思っていたら、賃借人はあっさり控訴。しかもこの間も、一度も連絡はとれませんでした。

時間稼ぎのためか、控訴状に印紙はなく、控訴理由書の提出もありません。裁判所からの度重なる督促でようやく期日が決まるという、のらりくらり作戦です。

控訴審の日、ようやく賃借人がやってきました。

年齢の割に老けている印象です。「これで接客サービスでもあるタクシーの運転手をしているんだ」、そんな驚きすら感じるほどでした。賃借人は、「お金はある」「きちんと支払う」「だから、このまま賃貸借契約を継続したい」と主張します。

家主さんとの信頼関係は完全に破綻していますが、さらに裁判で争ってまた期日が取られても時間がかかるだけなので、和解で終結しました。

終結後の最初の支払い日。賃借人は1円も払わないので、強制執行の申し立てに取りかかりました。結局、**依頼を受けてから明け渡しまで、7か月**もかかってしまいました。

控訴審の和解直後、賃借人はタクシー会社を退職。住民票も動かしていないので、追跡しようがありませんでした。すべて計算ずみだったのか、のらりくらり作戦に振りまわされた一件でした。

CASE 16

予防策と解決法

賃借人が滞納をしたら、家主さんは一生懸命、督促をします。書面を出したり、電話をしたり、部屋を訪ねたり……。しかし、それでもまったく連絡がつかない場合があります。

実は、そんなことはよくあります。

そんな折り返しの連絡がないときは、家賃が支払われる見込みはほとんどありません。そのときは、**あまり深追いせず、早めに法的手続きを取ったほうが、傷が浅くすみます。**

何度も申し上げていますが、**賃料の滞納があった場合、滞納者は他に借金を抱えていることがほとんど**です。その中で優先順位が高いものから支払っています。

携帯電話や電気、ガスなどの料金は払わないと止められるので優先順位が高くなります。厳しい督促が予想される消費者金融への支払いも優先順位が高いでしょう。

しかし、**賃料の場合は、払わなくてもすぐに退去を要求されません。督促だってそれほど強いものではありません。そのために後まわしにされがちです。**

おそらく支払い額が一番高い賃料を払わなくなると、生活は楽になります。一度その楽さに味をしめてしまうと、翌月の家賃も滞納してしまうケースが多いようです。

また、**賃料滞納による明け渡しの場合、明け渡しはできても、賃料の回収は困難**です。

そもそも滞納者は、自分の経済状況をコントロールできないタイプの人たちです。**借金ができてしまう人と、できない人、ここは当事者の行動パターンが明確に異なります。**

借金ができてしまう人は、生活レベルを下げたり、収入を上げたりするなどの工夫ができません。足りないから借りる、足りないから払わない、そう単純に考えてしまうようです。そのため家賃滞納で退去しても、新しい生活のために、退去した部屋の滞納分の支払いを無視してしまうことがほとんどです。

だから、滞納額を溜めてはいけません。

繰り返しになりますが、法的手続きへ移行する滞納の目安は、**「家賃3か月分」**です。家賃が5万円の物件なら15万円、家賃が10万円の物件なら30万円。それくらいの滞納額があれば、法的手続きに移行したほうが、最終的に家主さんの負担額が少なくてすみます。

中には**「家賃はもういらないから出て行ってくれ」という家主さんもいらっしゃいますが、これは次の被害者を生んでしまいます**。滞納者は、一度このような美味しい思いをすると、次のところでも同じことを繰り返すからです。支払うものはきちんと支払ってもらう、仮に支払われなくても支払いの約束はしていきましょう。

そして、できる限りの**督促は続けていきましょう**。**「逃げ得」は許さない、すべての家主さんがそう思わない限り、賃料滞納問題はなくならない**と私は思います。

POINT

- **滞納者と連絡がつかなかった場合、すぐに法的手続きに移行する**
- **「家賃3か月分」の滞納が、法的手続きに移行する目安**
- **「逃げ得」は許さず、督促はきちんと続ける**

CASE 17

連帯保証人との連携で滞納額を回収する

保身に走る親と大人になれない賃借人

ある弁護士事務所の弁護士の先生から電話がありました。

存じ上げない名前だったので、今動いている案件で被告側（賃借人）の代理人になられたのかな、代理人同士なら話もスムーズに進むかな、なんて軽い気持ちで電話を受けると、

「クライアントで滞納に困っている家主さんの、裁判をお願いできませんか」

とのことでした。その弁護士の先生は企業同士の大きな裁判を主とされているので、賃貸トラブルの訴訟経験はありません。そのため、インターネットで検索して、私のところに電話されたそうです。

数日後、家主さんと一緒に、弁護士の先生が事務所に来所されました。

賃借人は、40代の独身男性。連帯保証人は九州在住の70代の父親。かなり**長期間の滞納状態**が続き、そのたびに、**父親がお金を出していましたが、さすがに高齢になり、「もうこれ以上払えません」と言われてしまい、法的手続きに入ることを決めた**そうです。

賃借人は脱サラをしたものの、事業がうまくいかず、今はほとんど仕事をしていない状態です。一方、連帯保証人は地元の名士で、公立中学校の元校長先生。これまで、**滞納賃料として数百万円も代わりに払ってきた**そうです。

ここのところ、このようなケースが多くなってきました。

親は地元で社会的に地位のある仕事をしている（していた）が、（親からすれば）子供は、人生の道を脱線。しかし、実家に戻られると近所の手前もあるので（親からすれば）困る。そのため「お金は出すから、戻って来ないで」という悲しいケース……。

第三者からこの状況を見ると、親が大切にしているのは「子供」ではなくて、「世間」です。世間というか、ご自身の「世間体」です。子供と向き合わず、お金で解決して終わりだなんて、事情はあるにせよ、切なくなってしまいます。

滞納問題については、まず賃貸借契約を解除しないといけないので、賃借人に内容証明を送りましたが、案の定、受け取ってもらえないので、最短で訴訟を申し立てました。

しばらくしてすぐに、父親から連絡がありました。迷惑をかけていることについて詫びるより、ただひたすらご自身の保身を優先した言葉ばかりで、悲しくなりました。

「大手に勤めていた息子（賃借人）が脱サラをするときに、お金を出した」「経営がうまくいかないと泣きついてきたときも、お金を延々と送り続けた」「今までの家賃の滞納分も、すべて払ってきた」「でも自分ももうすぐ80歳。これ以上は支払えない」……とのこと。

事情はわかりますが、それは息子さんと話すべきことで、家主さんには関係ありません。「お金は退去まですべて支払います」「原状回復の費用も負担します」「だから**訴訟の被告から外して**ください」……どこまでいっても、ご自身のことばかりです。

賃借人は現在、仕事らしいことはしていません。今までのことを考えると、強制執行をしない限り、自分から退去するとも思えません。

「強制執行にかかる費用もすべて支払います。だから……」

父親は、ひたすら保身のことしか頭にありません。

それならば、とおおよその退去予定までの滞納賃料と、強制執行にかかる費用を先に振り込んでほしいと提案しました。すると、すぐに振り込みがありました。訴えられる当事者になることが、本当に嫌なのでしょう。それならば根本的な解決を目指して、息子さんともっと向き合えばいいのに、「もう顔も見たくない」と言います。

お金の過不足の清算は事件が終了してからということで、家主さんと父親で合意書を交わし、連帯保証人の分は訴訟を取り下げました。

当の賃借人は、家にいるにも関わらず、訴状を受け取らず、答弁書も出さず、裁判の日も欠席。そのため、裁判当日に明け渡しの判決が言い渡されました。

強制執行の催告日、賃借人は部屋でお酒を呑んでいました。

執行官に対して、怒鳴る、喚く、バットを振りまわす事態に発展したので、警察を呼びました。賃借人に会ったのは、このときが初めてです。髪は長髪で、かなりの白髪が混じり、とても40代には見えません。覇気もありません……。

警察官が興奮した賃借人を鎮めようとしますが、なかなか怒鳴り声が止みません。

「親父は教育者なんだぞ、ずっと俺の家賃を払い続ければいいんだ」

いい大人の賃借人が自立していないのは、本人の責任です。しかし親からお金だけ十分に与えられ、人生の折り返しを過ぎてから「あとは自分でやって」と言われても、突然、はしごを外されたような状況です。本来はもっと早い段階で、親子が向き合って話し合わなければならなかったのではないでしょうか。

「親の世間体のために、お金で解決された」、そんな印象すら受けてしまいました。

結局、賃借人は断行日もお酒を呑んでいました。

執行官に促され、身のまわりの物だけを持って退去。

父親が強制執行にかかる費用まで負担し、事件は終了しました。

CASE 17

予防策と解決法

信頼性が高い身内の連帯保証人でも、未来永劫どこまでも払い続けてくれるわけではありません。

とくに民法改正が施行（２０２０年予定）されれば、連帯保証人の支払いに限度額が設けられます。そして、限度額さえ支払えば、連帯保証人の責任がなくなるようになるのです。

そのため、**連帯保証人から滞納額を補てんしてもらうことがあれば、また滞納をしたらどうするのかを、賃借人と連帯保証人でよく話し合ってもらいましょう。**

親子の場合、根深い家族の問題が隠れていることもあるので、ゴールを早めに決めたほうが安心です。

今回のケースだけではなく、連帯保証人から「裁判の当事者から外してほしい」と嘆願されることがしばしばあります。社会的に受けるダメージを避けたいからでしょう。

そのような場合には臨機応変に対応し、必ず条件を詳細につめましょう。

たとえば、

- **訴訟の被告からは外れる代わりに、どこまで責任をとるのか**
- **それをきちんと書面で約束できるのか**
- **滞納賃料と強制執行にかかる費用の概算を先に預かることができるか**

これらがポイントになります。

「費用はすべて、訴訟の被告から外してもらってから支払う」となると、費用を支払わずに逃げられてしまう可能性があるので、**費用は必ず先に預かりましょう。**

また連帯保証人が滞納額を支払った場合、賃借人の家主さんへの支払い債務がなくなります。

しかし、連帯保証人が滞納分を払ったことが賃借人に知られてしまうと、**今後、絶対に自分で支払おうとはしません。**そのために連帯保証人と家主側が協力して、預り金のことを口外しないよう約束しておきましょう。

こんなとき私はいつも、連帯保証人には必ず預り金口座に入金してもらい、万が一、賃借人が払ってきた場合、その額を連帯保証人に返金するようにしています。

当然のことですが、賃借人がつくった滞納額は、分割であったとしても賃借人自身が払っていくのがベストです。

賃借人本人に「支払わなきゃ」と思ってもらうためにも、連帯保証人が払ったことがわからないように工夫をしましょう。

これらのことは、**口約束だといざというときに効力がありません**。内容をよく吟味して、連帯保証人ときちんと書面を交わしましょう。

POINT

- **民法改正に備えて、連帯保証人が補てんした場合のゴールを相談する**
- **連帯保証人からの依頼は臨機応変に対応する**
- **滞納額はできるだけ賃借人本人に支払わせるように工夫をする**

CASE 18

滞納者の連帯保証人が亡くなったらどうする?

連帯保証人の家族愛

「困ったことになりました……」

家主さんから、急ぎのアポイントが入りました。長年空室のままだったので、**物件を売却しようと思ったら、実は空室だったのではなく、滞納状態だった**というのです。慌てて確認したら、**滞納期間はすでに4年以上。**管理会社から何も連絡がなかったので、てっきり空室だと思い込んでいたのだとか。

本業の収入が高い家主さんだったので、空室のままでも放置していたようです。

賃貸借契約書を確認すると、賃借人は20代の独身男性。連帯保証人は父親です。まずは、内容証明郵便を送って、賃貸借契約を解除する手続きに入りました。同時に現地へ行ってみました。ライフラインは動いています。郵便ポストには、本人宛ての督促状がいっぱい入っていました。どうやら賃借人は、まだここに住んでいて、そして家賃以外にも借金があり、収支のバランスを崩しているようでした。

契約当時から時間がたっているので、連帯保証人の現状を把握するために住民票も請求してみます。すると残念なことに、連帯保証人の父親はすでにお亡くなりになっていました。その相続人は、賃借人とその弟と妹です。賃借人が最年長の長男で、ふたりの弟と結婚している妹がいました。賃貸借契約の連帯保証人の地位は相続されるので、**ふたりの弟と妹が父親に代わる賃借人の連帯保証人**となります。

訴訟を提起した後、すぐに上の弟さんへ手紙を書きました。4年間以上の滞納額となり、相当な金額になるので、支払いの要求というよりは、任意退去に協力をしてもらうための手紙です。

すると、弟さんからすぐに電話がありました。手紙を読んで驚き、賃借人に電話をしたけれど、連絡がとれないとのことです。とても真面目そうな印象を受けました。賃借人以外の3人の関係は良好ですが、誰も、賃借人とは何年も会っていないというのです。弟さんは、お嫁に行った妹さんのことをとても気にされていました。

「滞納分については、自分がきちんと支払っていく」「だから、何とか妹を被告から外してもらいたい」と。嫁ぎ先で妹さんが苦しい思いをすることを、何とか防いでやりたいと思う気持ちからでした。弟さんの強い要望が痛いほど伝わってきました。家主さんと相談して、妹さんは裁判の被告から外すことにしました。こんなに素敵な心を持った弟がいるのに、なぜ賃借人は弟、妹たちと疎遠になってしまったのでしょう……。

結局、賃借人から弟や妹、私にも一度も連絡はなく、部屋の中の荷物は、強制執行のときに運び出されました。どうやら強制執行の直前に、身のまわりの物だけを持って出ていったようです。部屋の中には、借金の督促状がたくさん残っていました。

賃借人が逃げまわってしまったので、任意退去には至りませんでした。しかし、**滞納賃料は、大幅な減額こそしましたが、弟さんたちが分割で払ってくれることになりました。**

「できることがあるなら何でもするのに……」、弟さんの温かい言葉が忘れられません。

CASE 18

予防策と解決法

管理会社に任せていても、毎月の入金は必ず確認しましょう。

賃料の入金が遅れれば、すぐに督促をしてもらい、またその報告も随時受けるようにします。

家主さんが入金に対して鈍感だと、管理会社も、「入金の確認」「滞納の督促」「状況の報告」が緩くなってしまうことがあります。

今回のケースは、かなり長期間の滞納でした。

管理会社側としては、最初は滞納の報告していたけれど、次のステップへの指示（訴訟手続きに移行するなど）が家主さんからなかったので、督促状は出すけれどそれ以上のことはしていなかったということでした。

このようなことが起こり得るので、やはり、家主さんと管理会社との連携は重要です。

賃借人からすると、**督促状が送られてくるだけでは、「払わなければいけない」という認識がどんどん薄れていきます。**

滞納額が溜まってしまうと、その回収はほとんどできないので、**「滞納額はとにかく溜めない」、これが鉄則です。**

また、現役を終えた親御さんが連帯保証人だと、「支払い能力がない」という理由で連帯保証人としての資格がないと思われる家主さんもいらっしゃいますが、身内のつながりは、強いものです。

仮に**支払い能力がないとしても、任意退去するよう促してくれることが多い**ので、「高齢」という理由だけで連帯保証人から外すのはもったいないと思います。

さらに、**連帯保証人の地位は相続される**ので、今回のように連帯保証人の方がお亡くなりになられても、相続人に滞納額を請求することができます。

親は自分の子供の不始末を「何とかしなければ」と思う傾向にありますが、今回のように連帯保証人が兄弟姉妹の場合は、督促の方法に少しコツが必要です。「責任を持って退去させます！」と、自分が裁判の当事者にならないよう積極的に動いてくれることはありますが、滞納をしている賃借人と年が近いこともあり、滞納分を全額支払ってもらうことは難しいです。

そのため、**連帯保証人に対しては「お金を払ってくれ」と強く追求するのではなく、「協力してほしい」というスタンスで接しましょう。お金の話をするのは、ゴールがちゃんと見えてからのほうがいい結果を生みやすい**です。

POINT

- **連帯保証人たる地位は相続されることを覚えておく**
- **連帯保証人に「支払い」を強く追求するより、「協力」を求める**
- **滞納賃料は増やさないことが鉄則**

CASE 19

滞納者が逮捕された！

母親と息子を置き去りに……

滞納者と交渉をするとき、次のことをできるだけ説明するようにしています。

「収支のバランスが崩れているので、その現状をご自身が把握され、少しでも早く安い賃料のところへ引越しをすることが賢明です」と。家賃は月の支出のうちで一番大きな額なので、そこを圧縮しないと、いつまでたっても家計が正常に戻りません。

それでも多くの滞納者は、「何とか払いますから」と食らいついてきます。〝これ以上借金を増やさないために〟と考える人は、そもそも滞納なんてしないのかもしれません……。

今回のケースの**滞納者**も、訴状が届いた頃、私に何度もこんな電話をしてきました。

「必ず払いますから、何とかしてください」

「いつ、いくら払えるのか」と聞いても回答がないので、具体的な改善策は見えません。

「だから安い場所に引越ししたほうが、長い目でみれば、あなたにとって一番いいですよ！」と説明しても、「必ず払いますから、何とかしてください」としか返ってきません。

裁判の日。その賃借人は、結局、法廷でも同じ言葉を連発するだけでした。

裁判官から「払ってないんだから仕方ないでしょう」と言われた後、賃借人は初めて「必ず払いますから、何とかしてください」以外の言葉を発しました。

「明日、収監されるんです」

どうやら駐車禁止やスピードオーバーを繰り返し、罰金が払えないので労役場《ろうえきじょう》に留置されるようです。にわかに信じがたい話ですが、一緒に住んでいる70代の母親も中学生の息子もこのことを知っているとのこと。

このままだと、賃借人不在時に強制執行で部屋を明け渡すことになりそうです。「とにかく同居している母親と息子さんに、くれぐれも今日のことを説明をしておいてください」

と賃借人にお願いし、その日は終わりました。

強制執行の催告日。賃借人は結局、家族に何も告げていませんでした。賃借人は滞納していることも、収監されることも、強制執行されてしまうことも何も言わずに、「長期出張」と偽って出かけたとのことでした。

息子の不在時に執行官が部屋に立ち入ったので、母親は驚くなんてもんじゃありません。私たちから事情を聞かされると、「心中する」と泣き叫びます。

しかし現実は、1か月後の断行日までに転居を終えておかなければなりません。母親は手持ちのお金がほとんどなく、引越し費用もないと言います。

執行官たちが去った後、母親と役所へ行って**生活保護の申請をし、大至急転居しなければならないことを説明**しました。役所の方も驚かれましたが、迅速に対応していただけました。おかげで**断行日の直前に、母親と賃借人の息子は転居することができました。**

「昔からいい加減なんです。でも自分の産んだ子だから……」、母親の言葉が、今でも耳に残っています。

CASE 19

予防策と解決法

高齢者や収入の低い人が明け渡しの判決を言い渡されると、**「引越さなければならない」とわかっていても、「お金がないから動けない」というケースが少なくありません。**

とくに高齢者は、「ネットで部屋を探す」といった現代のシステムに明るくないので、身動きがとれなくなるようです。

このような場合、**行政の力を借りることが有益**です。

たとえば生活保護の申請をし、審査に通れば、生活保護の中から転居費用を出してもらえます。引越し費用の実費や新居を借りる費用など、すべて支払ってもらうことができます。

通常は、申請を申し込んでから少し時間がかかりますが、**差し迫った状態だと優先的に動いてもらえます**。その現状がわかるように、強制執行されていることや、荷物がすべて運び出される日などがわかる**書面を持参する**といいでしょう。

ただ難しいのは、「どうしても生活保護を受給したくない」とおっしゃる方もいます。とくにご高齢の方だと、「お国の世話にはなりたくない」と思われる方が少なくないようです。

入居者が高齢者の場合、強制執行になっても「不能」で終わってしまう可能性もあり、家主さんの立場だと、何とか転居してもらわなければ困ったことになってしまいます。

こんなときは、とりあえず**根気強く話をしていくしかありません**。

今の原状や、これから手続きがどう進んでいくか、そうなったらどうなるのか、家主さんにどれだけ迷惑をかけているかなどを、ひとつずつ理解してもらいます。

おしつけがましくならない程度に、でも現実を知ってもらうために根気強く伝えていきましょう。

そもそもご自身で対処できなかったから、滞納になってしまったので、役所へも同行しないと、この場合は話がなかなか進みません。

しかし、家主さんは滞納されている当事者なので、頭では理解できても、滞納者と一緒に解決していくことが難しいこともあり、家主さんご自身だけでは、解決し難い案件です。

そんなときは、**専門家に依頼したほうがスムーズにいくことが多い**ので、弁護士や私のような賃貸トラブルに強い司法書士などに相談するのもひとつの方法です。

POINT

- **滞納問題で高齢者が残された場合、行政の力も借りる**
- **滞納者を突き放してしまうと、何も解決しない**
- **滞納者の心情に寄り添えないときは、専門家の力を借りる**

CASE 20

「滞納者が契約者でないこともある」

凛と戦う滞納者の妻

賃借人は若い女性。結婚して、途中からご主人も一緒に住むようになりました。それからしばらくして滞納がはじまりました。

「家賃は僕が管理しているので、連絡は僕にしてください」

家主さんはご主人からそう言われていたので、督促を彼のほうにしていました。

最初のうちは遅れながらも入金があったのですが、しばらくすると督促をしても支払いがなくなり、連絡もつきづらくなってきたので、手続きのご依頼がありました。

すでに、**滞納額は100万円近く。**連帯保証人は賃借人の父親で、メガバンクの支店長です。必要書類にあった、運転免許証の賃借人の写真を見ると〝いいところのお嬢さん〟という印象でした。

内容証明郵便を送るとすぐ、賃借人から連絡がありました。

賃借人である奥さんは滞納の事実を知らなかったとのこと。何度かご主人に聞いたことはあったそうですが、「大丈夫、もう払ったよ」と言われ、それを信じていたそうです。しかも現在は、3人目の子供を出産した直後。上のふたりの子供は、まだ小学校にも上がっていません。専業主婦で、家計はすべてご主人がまかなっているとのこと。ただ毎月渡される生活費の額はまちまちで、生活も苦しそうでした。

滞納額を初めて知り、賃借人は愕然としていました。このままだと裁判になり、そうなると連帯保証人の父親も被告。「その前にお父さんに相談してみれば……」とアドバイスをしても、頑なに拒みます。どうやら実家とうまくいってないようです。しかし、乳飲み子を抱え、働けない彼女がどうすればいいのでしょう。色々と説得してみても、「自分からは連絡できない」と言います。仕方がありません。私が連帯保証人に連絡をすることにしました。

事の始終を伝えると、連帯保証人の父親は、「あんな男と結婚するからだ」と吐き捨てるように言いました。反対したのに、親の言うことを聞かずに結婚したことを怒っているのでしょう。結婚以降、娘とは会ってないと言います。

父親として、娘を思う気持ちはわかります。でも現実を直視しなければなりません。

「今、彼女には3人のお子さんがいて、身動きがとれない状態なので、振り上げた拳を下ろしてほしい、助けてあげてください」とお願いしても、返事はありません。

「滞納額はいくらですか」。〝裁判になるのだけは御免だ〟、そんな思いが伝わってきます。

「娘さんが許せなくても、小さなお孫さんたちは可愛いでしょう？　少しだけでいいので、ご実家に戻ることを許してあげてください」とお願いしても父親の意思は変わりません。

「あの男の子供だ」。〝何を言っても無駄だな〟と思いました。

とりあえず滞納額を連帯保証人として払ってくれるなら、あとは賃借人と子供たちの行き場を確保すれば何とかなる、そう思い電話を切りました。

さて……どうしていこうか、数日考えていると、賃借人から電話がありました。

「旦那が逮捕されました」

ご主人はホテルで他の女性と麻薬を使用しているところを取り押さえられたようです。賃借人は薬には気がつかなかったと言います。出産直後の大変な時期。そんなときに、家賃滞納、ご主人の浮気と逮捕。錯乱してもよさそうな状況なのに、彼女は冷静です。

「先生、離婚するにはどうしたらいいですか？」

賃借人は、離婚して3人の子供と生きていく道を選んだようです、母親は強い……。

これまでも「信用できない」と思う点があったと言います。親に反対された意地で自分を騙しながら頑張ってきたけれど、今回の一連の事件で踏ん切りがついたのでしょう。

そこからの彼女は、見事でした。

母子のシェルターに身を寄せ、警察へ行きました。刑事さんに事情を説明して、ご主人と接見し離婚届けを渡します。部屋はひとりできれいに片づけ、あっと言う間に明け渡しました。

滞納額の金額が確定したら、「今の自分では払えないから」と、長い間近寄らなかった実

家に頭を下げに行きました。今は父親に払ってもらうしかない、と悟ったのでしょう。あれだけ実家には行きたくないと言っていたのに、彼女は逃げませんでした。

「もういい、戻っておいで」、私はその言葉を期待しましたが、父親はずっと無言のままでした。

結局、連帯保証人の父親が滞納額を全額支払い、私が受託した事件は終了しました。

それから2年後の母の日、彼女から白い花が届きました。

「母子のシェルター近くの公団が当たり、引越しをして落ち着きました。子供たちも元気です。仕事も頑張っています。太田垣さんは、自分にとってお母さんみたいな存在です」

彼女は、それから毎年花を届けてくれます。こんな嬉しいことはありません。今では、「母の日」が、楽しみな日となりました。

CASE 20

予防策と解決法

最初は**契約者が単身者で住んでいたのに、途中で入居者が増えることがあります**。

今回のように賃借人が結婚して、配偶者が主となるような場合であっても、トラブルがあったとき、手続き上は契約書の賃借人が当事者です。

そのため、**もし滞納などトラブルが発生した場合、そこまでのやりとりを途中から入居した同居人としていたとしても、契約書上の賃借人にも連絡**をしましょう。

さらに、**連帯保証人がいるなら、早い段階で「滞納の事実」を連絡**します。


滞納額を溜めてから連帯保証人に連絡しても、自分のことでないお金をさっと払ってもらえることはまずありません。

滞納額を溜めてしまってから督促すると、「怠慢だ」と責められるかもしれません。確実に払ってもらうためにも、**早めに連絡して対策を練る時間を与える**ことが大切です。

また契約上、連帯保証人は逃げられない責任を負っています。そのためにも早い段階から、賃借人が滞納していることを連帯保証人に伝えましょう。

今回と似たようなケースとして、次のようなこともあります。

最初は単身者だった契約者に、途中から同居人ができ、最終的に契約当事者の賃借人が出て行き、同居人だけが残るという場合です。

同居人は契約の当事者でも何でもないので、その事実がわかったら、退去してもらうかどうするか、検討しましょう。

基本は退去してもらうことがシンプルなのですが、家賃もきちんと支払ってくれるしこのまま……と思うことがあれば、速やかに契約書を書き換えます。

この場合、**新しい契約は前賃借人も含めた三者で交わすのが望ましい**ことを忘れないでください。

「敷金の返還をどうするか」「原状回復の問題をどうするか」など、三者の合意が必要なポイントがあるからです。

少なくとも原状回復に関しては、新しい賃借人は前賃借人からの分を引き継いで費用を負担してもらうようにしましょう。そうしないと、どこからが誰の責任かを特定するのが非常に難しいからです。

敷金に関しては、前賃借人に返し、新賃借人から新たに払ってもらいます。

前賃借人とすでに連絡がつかなくなっている場合には、「当事者で解決し、家主には一切迷惑をかけません」といった確約を現賃借人から書面でもらっておきましょう。

POINT

- **賃借人以外の同居者が窓口の場合でも、滞納の督促は賃借人へ行なう**
- **連帯保証人には滞納の事実を早く伝える**
- **入居者が入れ替わった場合、退去してもらうか、契約書を書き換える**

CASE 21

滞納者の子供への配慮

金髪無職、妻子アリ

裁判で「明け渡し」の判決が出されれば、家賃滞納者を強制執行で退去させることができます。支払うべきものを支払っていないので仕方がありませんが、賃借人が高齢者だったり、子供を抱えたりしている場合には神経を使います。

今回ご相談を受けた案件の**賃借人には、外国籍の奥さんと中学2年生の息子さんがいました。**奥さんは夜の仕事をしていますが、賃借人は職を失っています。年は40代前半、まだまだこれからの世代。選ばなければ、仕事は何とかなるような気もします。

しかし**滞納額は70万円。**すでに1年近く支払いが滞っていました。**家主さんは督促作業**

を毎月強いられ、そのたびにのらりくらりと、かわされてしまったようです。

まず内容証明郵便を送って賃貸借契約を解除した後、最短で訴訟を申し立てました。連帯保証人がいなかったため、任意退去については賃借人本人と交渉するしかありません。**息子さんのためにも、強制執行ではなく任意退去を検討してほしいと思いました。**

賃借人とは電話ですぐに連絡がつき、現場近くのファストフード店で会うことができました。賃借人は肩まで伸び、金髪に染めた髪を触りながらこう言いました。

「仕事は探しているけど、なかなかね……」

まずはその髪の毛を何とかしましょうと言いたかったのですが、本気で仕事を探しているようにも見えなかったので、何も言いませんでした。息子さんのためにも任意退去をすすめましたが、本人の口から前向きな言葉は聞けません。**強制執行がどのように物々しいか**、その様子を**ご近所に見られた後にどのような視線をあびるか**などを伝えても、「しゃーないわね、こんな親なんやから」と、取り合ってもらえませんでした。

奥さんは、自国の友人たちと隣町でお店を持ち、ほとんど家に戻って来ないそうです。息子さんのご飯は賃借人がつくっているそうで、そこだけは自慢のようです。しかし退去の話になると、黙ってしまいます。**結局どれだけ話をしても、任意退去にはつながりそうにはありませんでした。**

訴訟の日、賃借人は欠席。当日に明け渡しの判決が言い渡されました。

最短で強制執行の申し立てをし、再度、賃借人と話に現場へ行ってみました。賃借人は以前より伸びた髪を触りながら、こう言いました。

「もう、子供を育てられないから、児童養護施設にお願いしようと思って」

どうやら仕事がまだ見つからず、奥さんからの仕送りも滞って、生活すらできなくなってきたようです。そのため息子さんを、児童養護施設に託すとのこと。

「こんな親と一緒にいるより、ずっと幸せなはず」……もう何も言えませんでした。

強制執行の断行日。何も言わず淡々と自分の荷物をカバンに入れる息子さんの姿が、切なさを誘います。賃借人も身のまわりの物を持って、その場を離れました。これが最善の選択だったのか……そう信じたい気持ちでいっぱいになった1日でした。

CASE 21

予防策と解決法

単身世帯だけでなく、ファミリー世帯でも賃料が滞納されることがあります。家主さんが督促へ行っても、小さなお子さんを見ると、それ以上何も言えなくなると聞きます。

子供がいる滞納者には、明け渡しの手続きの流れを説明して、何とか手続きをせずに退去してもらうよう促してみましょう。

そのときに「もう家賃はいらないから出て行って」と言いたくなりますが、できたらそのような〝エサ〟を使わずに退去してもらいたいものです。

一度でも滞納未払いで退去してしまうと、その滞納者は味をしめ、**次からも「もう家賃はいらない」という言葉を期待してしまう**からです。

払ってもらえないかもしれませんが、**退去時には必ず、滞納分を分割で払ってもらうよ**

うな書面を交わしましょう。

1回でも多く、分割で払ってもらえるよう、きちんと伝えることが重要です。

また子供のことを思って、督促ができないという家主さんもいらっしゃいます。

しかし、賃貸経営はボランティアではありません。きちんと家賃を払ってもらわなければ、同じ物件の他の賃借人たちにも失礼です。

適切な督促は続けるべきです。そして、**改善の見込みがなければ、事務的に手続きに入る**しかなくなります。

つらい決断になる場合もありますが、感情は切り離しましょう。

強制執行で部屋の中に立ち入ったとき、戸籍のない子供がいたこともありました。

また完全に親から育児放棄されていた子供もいました。

電気・ガス・水道、ライフラインがすべて止まった状態の中で、お湯を入れる前のカップラーメンの麺をかじっている子供もいました。

どれも胸が締めつけられる状況です……。

滞納状態が続く中で賃借人の子供が心配な場合は、福祉事務所に相談してみましょう。場合によっては、生活保護でカバーできることがあるかもしれません。また、賃借人の子供を児童養護施設などで保護したほうがいい場合があるかもしれません。滞納状況や入居者の状態を見ながら、判断していきましょう。

POINT

- **払ってもらうべきものは払ってもらう、その姿勢は崩さない**
- **任意退去の場合、確約書で滞納額の分割払いをきちんと約束してもらう**
- **滞納者の子供が心配なときは、福祉事務所などに相談をする**

不動産トラブル用語集 3

訴訟手続き	家主と賃借人の間でトラブルがあり、話し合いでは解決しない場合に、問題を解決する裁判手続き
内容証明郵便	いつ誰が誰に対して何の内容の書面を送ったか、郵便局が証明してくれる郵便
裁判期日	訴訟が提起され、その内容が裁判所で審理される日
代位弁済	家賃滞納料や借金などの債務を、第三者が債務者に代わって支払うこと
公示書	裁判所発行の命令書。建物明け渡しの場合「いつまでに退去しなさい」といった内容の公示書が部屋に貼られる

第4章

知れば安心！
想定外トラブルへの
対処法

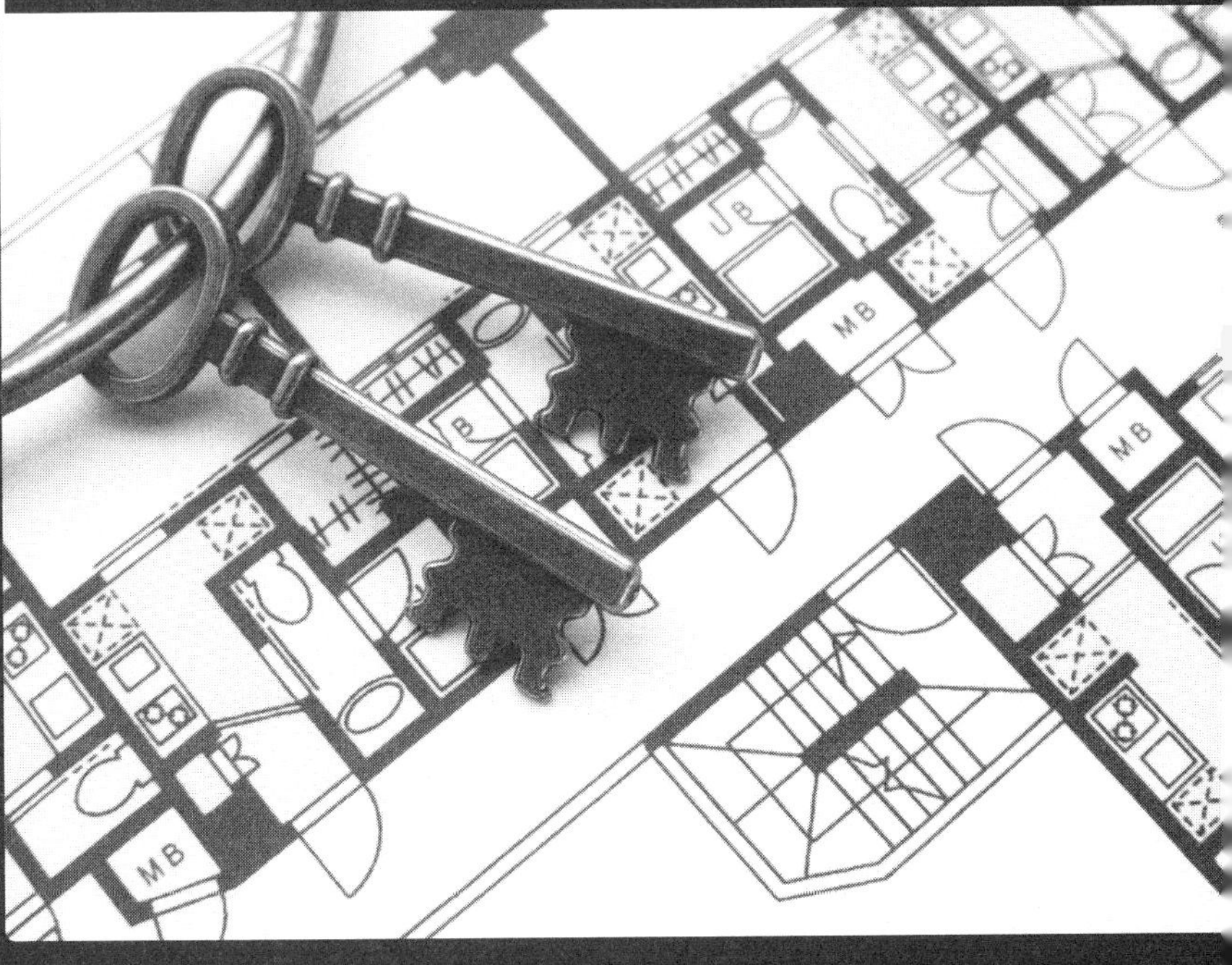

CASE 22

「立ち退き料」で泣きをみない契約形態とは？

立ち退き料が500万円!?

「地震があるたびに揺れに怯える状態なので、家を建て替えたいんです」

家主さんからこんなご相談を受けました。**建物は、築40年の木造2階建。**そろそろ建て替えてもおかしくない状態です。ところが、すんなり建て替えられない理由がありました。

この建物は2階建て。1階は家主さんのご自宅で、2階は賃貸に出されています。その**2階の賃借人が退去してくれない**というのです。もともとこの物件は、建て替えを予定していたので、2階は空けたままでしたが、「荷物を置かせてほしい」と嘆願され、貸してしまったというのです。値段は通常の約半分。住むわけでないので、何かあったら、簡単に退去してくれると考えていたようです。ところが、建て替えによる荷物の移動を賃借人に伝えると、「こちらにも事情があるので」と拒まれたというのです。

賃貸借契約書を確認すると、賃借人は30代の男性。近くで飲食店を経営しています。その食材やお酒などを置く場所として部屋を利用しているようです。そして、今回の**トラブル解決を難しくしている原因が契約形態にありました。この契約は普通賃貸借契約です。普通賃貸借契約は、正当な事由がないと家主側からの契約解除が認められない契約**です。

仮に古い物件であったとしても、裁判では「補強しろ」という判決が言い渡されてしまう可能性があります。家主さんは「荷物置き場ということで賃料も安くしてあげたんだから」と甘く考えていたようです。

さらに調べていくと、賃借人はこの物件の住所を、自分の法人の本店の住所として登録していました。不運なことに契約書では、このあたりの制限がないので、本店移転登記をしたことに焦点をあてて、責任追及することはできそうにもありませんでした。

しかし、私が賃借人に交渉を試みると、意外とすんなり、明け渡しを承諾してくれました。ただし後日、「条件を出します」とも言われ、嫌な予感がしました……。

出てきた条件を見ると、驚きです。**立ち退き料が５００万円も算出**されていました。しかも次のように内訳まで細かく記載されています。

- 新居への引っ越し代
- 新居の初期費用×家賃１年分
- 法人の本店移転登記費用
- ワインのラベル印刷料と貼り替え料
- 名刺や封筒等のデザイン、印刷代　　など……

立ち退き料が高額の理由は、自社製品のワインのラベルに、販売元としてこの物件住所の記載があるため、その**ラベル貼り替えにかなりの費用がかかる**という主張でした。

家主さんも出てきた金額に、驚きです。通常、家賃数万円の居住用立ち退きなら、よほどの相手でない限り数百万円もかかりません。

それでも日々この物件に住んでいる家主さんからすると、背に腹はかえられません。何とか**金額の減額をしてもらい、退去してもらうことができました。**

CASE 22

予防策と解決法

多くの家主さんが、立ち退きは簡単だと思っていらっしゃるようですが、現実は違います。

立ち退き交渉は、家主側と賃借人側に、信頼関係があればスムーズに進むのですが、最近は、管理会社に任せていることも多いので、思ったようにはいきません。

さらに現代は、何でも簡単にインターネットで検索ができます。

だから、**〝こうすれば立ち退き料がもらえる〟といったノウハウを、賃借人側も入手することができる**のです。

事実、**立ち退き料狙いの賃借人が増えてきました。**

古い物件を荷物置き場として借りて、退去の依頼があれば高額な立ち退き料を請求する

今回のようなケースです。

入居の申し込み当初、今回のケースのように居住用ではない場合、家主側は契約書に気を配ることなく簡単に貸してしまいます。なかには契約書すら交わさずに、口約束だけで貸してしまうこともあるようですが、**必ずきちんと吟味した契約書を交わしましょう。用途も制限をかけ、最後にトラブルにならないように備えることが重要です。**

今回のように、取り壊しが視野にある場合、定期建物賃貸借契約を交わすようにします。普通賃貸借契約の場合、正当な事由がない限り、家主側からは契約解除が認められません。そうなると、いわゆる「立ち退き料」をどれだけ支払うか、という問題になってしまいます。

一方、**定期建物賃貸借契約の場合、期間が定められているので、その期間が終われば無条件に契約が終了**します。

期間限定での貸し出しなので、通常の賃貸経営と比べていい入居者の確保が難しくなるかもしれませんが、取り壊しを検討している物件であれば「空室のままよりいい」とも考えられるので、状況に合わせて契約形態を選択しましょう。

建て替えによる立ち退きは難しい問題ではありますが、できないことではありません。

ただ、家主さんの認識を**「簡単ではない」**と変えていただく必要があります。

賃借人も情報武装をしやすい時代なので、出口戦略をしっかり立てて、軽い気持ちで貸さないようにしましょう。

POINT

- **立ち退きを軽く考えると、高額な立ち退き料を請求されることがある**
- **物件を取り壊す予定がある場合、定期建物賃貸借契約を交わす**
- **契約書の内容は、将来の物件のメンテナンス予定も加味して考える**

CASE 23

入居者がお亡くなりになったときの相続と契約の解約について

独身男性の孤独死

入居中の賃借人が亡くなってしまうことは、できれば避けたいものですが、残念ながら完全には避けられません。

その残念な事態に遭遇してしまった家主さんから、ご相談を受けました。**賃借人は自死ではなく、病死**でした。無断欠勤が続いたので職場から連絡があり、安否確認のために部屋に立ち入ってわかったそうです。

賃貸借契約は相続されるので、賃借人が亡くなっても「契約終了」というわけではありません。部屋の中の物も相続されるため、亡くなられた賃借人の相続人と契約解除を交わさなければ、家主さんは部屋を片づけることも、次の人に貸すこともできないのです。

まず相続人を探すところからはじめました。賃借人は生涯独身で、子供もいなかったので、**相続人は妹さん**。警察も、そのことを把握しているようでした。

実はこの妹さん、警察がどれだけアプローチしても連絡が取れていない状態でした。そのためご遺体は、警察の安置所に寝かされたままです。死亡届もまだ出されていません。家主さん自身も死亡届の届出権者ですが、お身内がいる以上、警察も妹さんからの死亡届を待ちたいとのことでした。妹さんとこのまま連絡がとれないとなると、賃貸借契約の解除の裁判をするしかありません。ただお亡くなりになっている案件なので、そこは避けたいところです。しかも死亡届が出ていない以上、戸籍上はまだご存命の状態なので、裁判をするにも相続人を相手に提起することができません。

賃貸借契約の解約書と、部屋の中にある残置物放棄書をもらいに何度も妹さんのところへ通いました。行くたびに手紙も残してきましたが、連絡はありませんでした。

並行して死亡届のことを警察に問い合わせても、妹さんからの届出はありません。仮に届出があっても、相続人には相続放棄をする権利もあるので、放棄が可能な3か月間は訴訟も提起できません。被告として適格者かどうか、裁判所で判断ができないからです。

つまり、**妹さんから書面をもらえなければ、明け渡しが完了するまでに1年近くかかってしまいます**。そうなると、家主さんの負担が大きすぎます。

妹さんのご自宅に何度通ったことでしょう。あるとき偶然、その息子さんとお会いすることができ、事の経緯を伝えました。どうやら妹さんは心の病気を患っていて、人と会うことができない状況だそうです。ただ、色々なことは認識できるようで、息子さんが書類にサインをもらってきてくれるとのこと。

待つこと30分。とても長く感じました。息子さんは「色々とご迷惑をおかけしました」と、解約書面と残置物放棄書を手渡してくれました。

アルバムや大切な荷物を引き取ってもらい、最終的に、部屋もきれいに片づけられ、この一件は解決しました。

CASE 23

予防策と解決法

人の死は避けられるものではありませんが、生活の場を提供している家主さんにとって、入居者の死はとても大変なことです。

賃借人が亡くなられても、賃貸借契約は終わらないので、**まずこの契約を終了**させなければいけません。

一番理想的な契約の終わらせ方は、相続人から解約の書面をもらうことですが、どうしてももらえなかった場合には、相続人を相手に裁判をしていくことになります。

必要な書面がもらえないまま相続人が相続を放棄してしまうと、次順位の相続人が相手になります。そして、その相続人も相続を放棄して相続者がいなくなれば、裁判所に相続財産管理人（遺産を管理する業務を行なう人）の選任をしてもらい、その相続財産管理人相手に訴訟をしていくことになります。

しかし、ここまでで、ざっと**1年以上**かかる場合もあります。
この期間、次の入居者を入れることはできません。
その分の物件の収益を得られないので、家主さんにとっては、とてもつらい期間となってしまいます。

それを避けるためにも、相続人から解約の書面をもらうように、できるだけ努力をしましょう。

相続人に会ったとき、賠償や賃料、原状回復など、まずはお金の話をしたくなると思いますが、少し我慢してください。**「形式的には契約が継続している状態なので」と説明して、まず何よりも解約の書面にサインをしてもらいましょう。お金の話はその後です。**

もし相続人が相続放棄を考えているならば、**最初にお金の話をすると、書類の押印が単純承認とみなされて、相続放棄ができない可能性を危惧される**からです。

つまり単純承認とみなされると、放棄の手続きができません。
だから、相続人も慎重にならざるを得ないのです。

荷物に関しても「必要な物を引き取っていただければ、あとはこちらで片づけます」と伝え、残置物放棄書にサインしてもらったほうが、経済的負担も少なくてすみます。

人がひとりお亡くなりになっているので、その点に配慮すれば、スムーズに解決できます。相続人とは接する機会が少ないものなので、時間がたってしまうと書面（解約書と残置物放棄書）にサインしてもらいにくくなります。できるだけ早い段階で書面にサインしてもらえるように、書面はあらかじめ作成し、万が一に備えましょう。

POINT

- **もし入居者が亡くなられても、賃貸借契約は相続される**
- **もし入居者が亡くなられたら、解約書と残置物放棄書を相続人からもらう**
- **お金や賠償の話は最後にして、まずは互譲の気持ちを大切にする**

CASE 24

「ゴミ屋敷部屋になる兆し」

物件も時間もむしばむゴミ屋敷

家主さんが持ってこられた写真を見て、驚きました。

家と塀の1メートルほどの隙間に、自転車が積まれていました。それも数台ではありません。**平家の屋根に届く勢いで、自転車が3層にもなっています。**家主さんは、「賃借人はいつも歩いて出かけ、自転車に乗って帰ってくるんです。それで家のまわりは自転車だらけになり、こうしてどんどん積まれていくんです」と説明してくれました。

狭小住宅が密集しているエリアでもあるので、火事になったら大変です。役所にもご相談されたそうで、役所も定期的に自転車を撤去してくれるそうですが、しばらくすると同じ状態になってしまうのだとか。

自転車が積まれているだけで訴訟を提起しても、明け渡しの勝訴判決をもらうのは困難なので、滞納について尋ねると、賃借人は生活保護を受給していて、役所から直接家賃が支払われているとのことでした。**賃貸トラブルでスムーズに明け渡しの判決が出るのは、滞納問題だけです**。このままでは時間だけが過ぎていきます。

そこで、役所にかけ合うことにしました。

自転車が積まれている写真を見せ、事情を伝えました。生活保護の家賃分を一旦賃借人に渡してもらい、賃借人から家主さんに家賃を支払ってもらうことにしました。そもそも、役所が家賃を家主さんに直接払っていたのは、賃借人がきちんと家賃を払わないからだそうです。代理納付を止めたら、また滞納するのではないかという期待がありました。

幸いにも……、と言っていいのでしょうか。**賃借人は、順調に滞納をはじめました。**

滞納額が「家賃3か月分」に達したタイミングで、訴訟を提起。**賃借人からは何の反論もなかったので、期日当日に明け渡しの判決が言い渡されました。**

強制執行当日。部屋の中を見て驚きました。自転車だけではありません。賃借人には収集癖があるのか、部屋から出てくる、出てくる。テニスボールにビニール傘、スーパーのカゴ、カゴ、カゴ。見事なゴミ屋敷です。「こんなに広い部屋だったかしら」と疑うほど、部屋の中から荷物（ゴミ？）が運び出されます。賃借人は一体どこで寝ていたのでしょうか、寝るスペースが残されていないほど、部屋の中は集めた物であふれていました。

ちょうど荷物が運び出された頃、賃借人も出ていき、強制執行は終了。自転車で埋め尽くされて隠れていた建物は、ようやく、そのままの姿を見られるようになりました。

強制執行から2日後。警察から電話がかかってきました。

元賃借人が万引きで捕まったとのこと。取り調べで警察が「家は？」と尋ねると、「追い出された」と言うので、回りまわって私のところに連絡がきたようです。

本人は警察に捕まれば、寝るところも食事も確保できると思ったのでしょう。

役所と連携し、元賃借人を保護してもらうことで、この件は幕を閉じました。

CASE 24

予防策と解決法

ゴミ屋敷が確実に増えています。

室内の腰の高さくらいまでゴミが積まれ、その上で寝転がって生活をしている賃借人を何人も見てきました。

これまでで一番強烈だったのは、ふたつの部屋が天井までゴミで埋め尽くされていた案件です。数年にわたる、ゴミが積み上げられていました。

ゴミが物件に与える被害は、衛生面だけではありません。

ゴミから水分が出て、階下に滴り落ちることがあります。下の部屋の人が水漏れかと思ったら、ゴミからの水分だったケースです。

また、1階の部屋がゴミ屋敷になってしまうと、床が腐ってしまい、最悪の場合、**建物の基礎部分まで腐らせてしまいます**。

こうなると、**建物そのものを建て替える**しかありません。
家主さんにとっては、すぐに対処しなければならない問題です。

部屋の中がゴミ屋敷になっている場合、どのタイミングでそれを見つけられるのでしょうか。

部屋の中をゴミ屋敷にしてしまう人は、部屋の外にもゴミを溜め込む傾向があります。そこを見落とさないようにしましょう。

今回のように、異常なまでの数の自転車が積まれているのは、典型的な例です。
ドアの外にゴミが置かれ、それがゴミ置き場まで運ばれずにそのままになっているとか、ゴミ収集日以外もゴミが出されている場合などは、ゴミ屋敷のサインかもしれません。

店屋物のどんぶりが、洗われないまま置かれているというのも要注意です。
とにかく、小さな変化も見逃さないようにして、**少しでもゴミ屋敷の兆しが見えたら、次の一手を考えていきましょう**。

また今回のように、生活保護で生計を立てている賃借人は、行政が家賃を代理納付している場合があります。

家主さんからすれば、家賃が必ず入るので安心ですが、トラブルが発生したときにはそれが足かせになることもあります。

生活面で問題がある賃借人は、大概、家賃も滞納します。

滞納だと簡単に退去させられますが、滞納以外の理由だと、なかなか明け渡し判決をもらうことができません。

この場合には役所と相談し、**代理納付を一度ストップ**してもらいましょう。

そして、**本人の滞納が3か月以上になった時点で、法的手続きへ移行**します。

POINT

- **ゴミ屋敷は建物そのものにダメージを与える**
- **共用部分などの小さな変化に気を配り、ゴミ屋敷化するのを未然に防ぐ**
- **問題があるときは役所からの代理納付を止める勇気も必要**

CASE 25

高齢者トラブルは連帯保証人との連携が大切

滞納者は、自称「天涯孤独」の6人兄弟

築古アパートに、新築時から入居している賃借人の滞納についてご相談を受けました。

「督促をしに行くと、おばあちゃんは仮病を使うので話ができなくて……」

家主さんは心底困ったご様子でした。

その部屋には、もともとご夫婦で入居されていましたが、旦那さんが昨年亡くなり、年金額が減ったせいなのか、滞納がはじまったというのです。

状況を確認するためにその部屋を訪問しても、**世間話から滞納の話に変わると、急に胸を押さえて「気分が悪くなった」と横になってしまう**とのことでした。賃借人は80歳を超

えていらっしゃるのであまり強く言えず、**滞納額は60万円近く**になっていました。

私がおばあちゃんに会いに行くと、体調がそれほど悪そうには見えません。しかし滞納の話になると、確かに胸を押さえて「また今度」と言います。お身内がいらっしゃるか尋ねると、「天涯孤独です」との返答です。

このままだと裁判になってしまうことを伝えると「私に死ねと言うのね」と言われてしまいました。そんなことひと言も言っていないのですが、支払いの目処がたたない滞納者から、何度もこの言葉を聞きました。現状を変えられない苛立ちがあるのかもしれませんが、言われたほうは堪えます。仕方がないので出直すことにしました。

賃貸借契約書を確認すると、**連帯保証人がついていない契約**でした。家主さんに他の資料がないかを尋ねると、**一番古い契約書に緊急連絡先として親族の連絡先が記載されていました**。もう30年以上も前のものなので、現住所だけではなく、その親族がご存命かどうかもわかりません。しかし、手がかりはこれしかありません。祈るような気持ちで親族に手紙を送りました。

数日たった頃でしょうか。緊急連絡先の親族からお電話がありました。

賃借人の弟さんです。長い間会っていないそうですが、「兄弟一同でこれからのことを相談します」とのこと。「天涯孤独」と言っていた賃借人は、なんと**6人兄弟**でした。

結局、**滞納分は兄弟が全額肩代わりして支払い、賃貸借契約を一番下の弟さんと交わし直しました**。賃借人はおばあちゃん一代限りとし、これからは毎日兄弟が順番で電話をかけてサポートするので、どうかこのまま住めるようにしてくださいという申し出がありました。そして、兄弟で交流をもつきっかけができたことをとても喜ばれていました。

賃借人にとっても、心細い日々を兄弟が支えてくれることになり、とても嬉しかったようです。家主さんにとっては、長年の賃借人を相手に裁判をしなくてすみ、家賃も回収できて、めずらしく全員がハッピーな形で、一件落着となりました。

後日談ですが、賃借人は、介護施設に移られる88歳まで、この物件で生活されました。結婚で兄弟と疎遠になったことから、「今さら頼ることはできない」とあきらめていたところからの急展開。献身的な兄弟のサポートで、とても賑やかに過ごされたようです。

CASE 25

予防策と解決法

高齢者の賃借人は、家主さんにとって何かと頭を悩ます存在です。

入居当時は若くても、いつかは誰もが高齢者となります。

高齢者の場合、認知症がはじまってしまうこともあるでしょう。程度によっては共同住宅での生活が、難しくなるかもしれません。

また滞納者が高齢者の場合、裁判で明け渡しの判決をもらったとしても、強制執行で退去してもらえない可能性があります。**高齢者の方は、部屋から出された後、自分で生活を立て直すことができない場合もあるため、執行官が「執行不能」と判断してしまうのです。**

そうなると、家主さんからすれば、**「滞納されました↓裁判で判決をもらいました↓強制執行もしました↓でも出て行ってもらえません」**という最悪な状態になってしまいます。

さらに、万が一賃借人がお亡くなりになってしまった場合、現段階では賃貸借契約は相続の対象となり、**部屋が使われないのであれば相続人全員と契約を解除しなければなりません。**もちろん部屋の中の荷物も、相続の対象なので、勝手に撤去するなどして、次の借り主の入居準備をすることもできません。

まず**一番大切なことは、高齢の入居者と、できるだけ早い段階からコミュニケーションをとっておくこと**です。

そして、入居時にもらった**すべての資料をチェックして、連帯保証人や緊急連絡先の有無を確認しておきましょう。古い情報であればトラブル発生時に機能しないので、連帯保証人欄や緊急連絡先の欄にある電話番号へ次のように連絡**してみましょう。

「〇〇の家主です。入居者の方から連帯保証人（緊急連絡先）として電話番号をちょうだいしました。何かございましたら連絡させていただきますね」

このように、事前に挨拶をしておけば、いざというときに連絡しやすくなります。

トラブルが発生したとき用の連絡先がなければ、入居者との日常的な会話から引き出すようにします。

早くから良好な関係を築いていれば、スムーズに聞き出せると思います。そうして緊急連絡先などを聞き出せたら、先に述べたようなご挨拶を忘れずに！

何をしても連絡先が聞き出せない場合には、行政と連携をとるのもひとつの方法です。ケアマネージャーなど福祉関係者の方が賃借人と関わっていることもあり、その場合は賃借人の家族関係や状況について知っているので、ケアマネージャーの方などとコミュニケーションをとってみましょう。何事も早めの対応が、トラブルを最小限にしてくれます。

POINT

- **高齢者の滞納は強制執行できない可能性があることを覚えておく**
- **緊急連絡先を必ず確認する**
- **早い段階から、賃借人と良好な関係を築く**

CASE 26

滞納以外のトラブルで「明け渡し」を勝ち取るには？

「逮捕」されても、「退去」は困難

「何とかしてください……」

差し迫った声の家主さんに嘆願されました。アパートの**2階に住んでいる賃借人が、共用部分に放尿**して困っているというのです。そのせいで同じフロアの入居者が退去して1戸が空室に。このままだと、**他の入居者が出て行ってしまいそうだ**ということでした。

家主さんからお預かりした、防犯カメラの映像写真を見てみました。確かにゴミをまき散らしたり、液状のものをまいたりしていました。しかし、防犯カメラの位置が悪く、賃借人の顔がドアに隠れて見えません。これでは裁判を起こしたときに、証拠として弱くなってしまいます。そこで家主さんにお願いして、カメラの位置を反対側に移して、顔がはっきりと映るようにしてもらいました。

1か月ほどたった頃、家主さんが新しい映像をもって来所されました。今度ははっきりと賃借人の顔が映っています。

賃借人は、この前と同じように、ドアを開けて部屋の中からゴミを放り投げ、液体をまいていました。映像からだけだと、その液体が尿かどうかはわかりませんが、色は無色ではありません。心なしか黄色味がかっている気がします。**別の部屋の入居者から「廊下が尿臭い」と苦情がきて、そのたびに管理会社の方が清掃に向かう状況**だと言います。

現場へ行ってみると、確かに汚い公衆トイレと同じ臭いがしました。

尿のようなものがまかれた直後でなくても、定期的に掃除も施されているのに、尋常ではないアンモニア臭が廊下に漂っていました（しかも外廊下！）。すでに臭いが滲みついてしまっているような状態です。**さらにゴミの散乱もあります。**「ここにゴミを置かないで」と書かれた貼り紙も、無残に破り捨てられていました。

これらの問題を引き起こしている賃借人は、さらにこんなことまでしていました。狭い廊下に自転車を置いて、その荷台にハンディカメラを固定。それで、**隣に住む若い女性の入居者を監視**しているようです。

この状況、「生活マナーが悪い」というレベルではありません。尋常でないというか、不気味というか、ここから性犯罪に発展するのではないかというような恐怖心を抱きました。警察にも被害届を出したほうがいいかもしれない、現場を見て強くそう感じたのです。

事務所に戻り、改めてこの期間の防犯カメラ映像を見ていきました。

賃借人は連日のように悪事を繰り返します。黄色味がかった液体は、隣の部屋に向けてまかれているようでした。また、部屋を出入りする時間帯はまちまちなので、仕事をしているかどうかもわかりません。賃貸借契約書によれば賃借人は30代後半の男性で、派遣の仕事をしているようで、**連帯保証人はなし、緊急連絡先は地方に住む父親**です。

ダメ元で父親に連絡してみました。「まだ若く先のある人に対して、被害届を出したくない」「説得して任意に退去してもらえないか」ということを相談するためです。

緊急連絡先は法的な義務を負わないので「関係ない」と言われることも覚悟のうえでし

たが、父親はその日のうちに新幹線で飛んでこられました。

防犯カメラの映像と現場を見た父親は、「どうしてこんなこと……」と絶句。今まで、こんな迷惑行為をはたらいたことはなかったそうです。穏便にこの件を終わらせるために、任意退去さえしていただければ、若い息子さんの将来のために被害届も出さないし、訴訟もしないことをお伝えし、その日は終わりました。

翌日、再び父親とお会いし、話を聞いて驚きました。

賃借人は父親に、「まいているのは水」「迷惑行為をするだけの理由があったが、もうこれからはしない」「だから出ていかない」と主張し、父親は息子の言葉を信じています。

父親はあくまでも**緊急連絡先であるため、これ以上はお願いできず、残念ながら任意退去の道は閉ざされました。**刑事事件となると、賃借人が受けるダメージが大きいので、何とか任意にと思いましたが、父親が「息子を信じる」と判断されるのであれば、家主側はもう躊躇することはありません。

とりあえず、被害届を出すことにしました。**防犯カメラの映像から該当部分をすべてプリントアウトして資料をつくり、家主さんと警察へ向かいました。**

刑事さんも映像写真を見て、被害届を受理してくれました。すぐさま鑑識の方と一緒に現場検証へ。「鑑識」と書かれた上着を着て、DNAの採取をしたり写真を撮ったりして、自分の行動がまるで刑事ドラマのワンシーンのようでした。

翌日は、民事の訴訟を申し立てました。訴訟理由は、家主さんとの信頼関係が破綻し、なおかつ賃借人として「善管注意義務」（一般的・客観的に要求される程度の注意義務）を持って借りていない、その債務不履行によって賃貸借契約を解除するというものです。

これまで何度も申し上げていますが、賃貸トラブルの場合、**「家賃滞納」であれば、裁判所がスムーズに明け渡しの判決を出します。しかしそれ以外の理由だと、「改善の余地あり」ということで、なかなか判決を言い渡してくれません。**

家主側が求める結果を得るためには、「これだけ酷い状況なので、もう改善できるレベルではありません」と主張していくしかありません。実際に裁判所から「この手の案件は立証が難しいので、取り下げませんか」と促されましたが、家主さんのためにも取り下げるわけにはいきません。そのまま訴訟で闘いました。

訴訟の期日を3回ほど重ねた頃、警察から連絡がありました。

「令状が出たので、本日（賃借人を）逮捕します」とのことです。時刻は夜7時。大急ぎで、家主さんと現場へ向かいました。続々と集まる警察関係者と最後の打ち合わせです。若い警察関係者が「逃げたときのために」と、1階の各所をかためます。準備万端で賃借人の部屋のインターホンが鳴らされました。

出てきた賃借人に令状を読み上げ、手錠をかけます。階段から降りてくる賃借人は、うなだれ、無表情。その姿を見て「任意退去さえしてくれれば」と思い、残念でなりませんでした。父親がその後、ちゃんと賃借人と向き合ったのかはわかりません。

結局、拘留20日間。賃借人は容疑を否認し、釈放となりました。

廊下の汚れから尿反応は出ているものの、残念ながらＤＮＡが完全な形で採取できなかったことが起訴できない最大の理由でした。血液反応は洗っても出てきますが、尿反応は洗ってしまうと抗体が崩れてしまうようです。「尿臭い」という通報のたびに洗剤で洗ったことが、逆に起訴できない結果を招いてしまいました。

一方、民事のほうは、4回の期日で結審。難しい立証をへて「明け渡し」の判決を得ることができたのですが、控訴されてしまいます。控訴は、理由がなくても、印紙がなくても控訴状を出すことができます。理由書も後から提出できます。これだけで3か月もかかりました。賃借人は裁判手続きの引き伸ばし方を知っていたようです。

ようやく控訴審。司法書士は控訴審の訴訟代理人になることができないので、弁護士への依頼を家主さんに確認すると、このまま私にサポートしてほしいとのことだったので、代理人の弁護士はつけず、家主さんご自身が裁判に出廷されました。

控訴審は1回で終わり、原審通り「明け渡し」の判決が出ましたが、このままだと上告されてしまうかもしれない。そうすれば、次は半年以上引き延ばされてしまいます。

そこで、父親に手紙を書きました。

これまでの経緯と事実を詳細に記しました。

「逮捕されたこと」「尿反応が出たので、水ではなかったこと」「DNA反応がとれず釈放になったが、警察は息子さんの犯行だと確信していること」「明け渡しの判決が出ても控訴し、引き延ばしをしたこと」「現在は、控訴審で明け渡しの判決が出たこと」……。

そのうえで、「このまま強制執行になってもいいのか」「将来のある息子さんのためにも、ここは任意退去にご協力いただけませんか」と、手紙に思いを込めました。

あくまでも緊急連絡先なので、父親には何の法的責任もありません。しかし、父親であることは事実です。どうしても親として、賃借人に手を差し伸べてほしいと思いました。おそらく20日間の拘留で、賃借人は職を失い、収入は激減している状態です。引越したくても、費用がなくて動けないかもしれません。

その手紙が功をなしたのか、賃借人から退去の申し出がありました。「きっと部屋の中は汚いだろうけど、よかったね」、なんて家主さんと胸をなで下ろしました。

さて、明け渡し後の部屋を見てびっくり。

なんと業者を入れて、ルームクリーニングをしての退去だったのです。父親が費用を負担して、指示したのでしょう。もしかしたらDNAのことが、気になっていたのかもしれません。いずれにしても、ピッカピカの抗菌された状態での引き渡しでした。

原状回復費用はほとんどかからず、すぐに次の入居者を募集することもできて、予想外の結末となりました。やはり父親の愛があったということでしょうか。それとも世間体を気にされたからでしょうか。真相はわかりませんが、少なくとも**緊急連絡先である父親の存在がなければ、もっと時間がかかっていたことは間違いない案件**でした。

CASE 26

予防策と解決法

賃貸トラブルでスムーズに訴訟できるのは、家賃滞納問題だけです。

今回のケースのように、**生活マナーが悪い賃借人を退去させたい場合は、思うように訴訟へと持ち込めません**。裁判になったときの立証がとても難しいこと、裁判所が「改善の可能性もある」と判断することなどがその理由です。

たとえば騒音の問題は、「うるさい」と感じる側にも個人差があるので、訴えても裁判官にはなかなか理解してもらえません。また、どれだけうるさいかということを証明することも難しく、裁判で望む判決をもらうにはかなり苦戦します。

このように滞納以外の人的トラブルは、「注意すれば改善されるだろう」と判断されがちなので、**家主側は、「これだけの努力をした→でも改善されなかった→だからもう出ていってほしい」という行動の過程を裁判官に伝わるように証拠をつくっていかなければなりません。**

そのためには、**地道な証拠の積み重ね**しかありません。

証拠の積み重ねとして、今回のケースのような防犯カメラの映像はとても効果的です。

しかし、防犯カメラの映像だけではまだ不十分なので、映像に映っている迷惑行為に対して、**どれくらい改善を促す警告をしたかも伝えられるようにしましょう**。

「これ以上できない！」という努力を裁判官に訴えないと、なかなか「明け渡し」の判決をもらうことはできません。

今回のケースでは、**証拠づくりも兼ねて改善を求める書面を作成**し、賃借人へ送りました。

また、どれだけひどい行為を繰り返しているかを立証するために、防犯カメラの映像を写真に落とし込み、注釈もつけて証拠資料のひとつとしました。

映像の一番ひどい部分を写真にしただけでもインパクトはありますが、裁判官に少しでもわかってもらえるよう、どういう行為かを添え書きすると効果が倍増します。

しかし、**映像や写真を証拠として提出しただけだと確認してもらえないこともあるので、**

訴状の中で時系列順に「いつどんなことをされたか」を記載し、いかに賃借人の行動が社会常識から逸脱しているかが伝わるように工夫する必要があります。

今回のケースはたった4回の期日でしたが、証拠も含め、かなりの分量の資料となりました。

しかし、この分量の資料で立証をしていかないと、滞納以外の人的トラブルは裁判で「明け渡し判決」がもらえないのです。

家賃滞納以外で「明け渡し」を勝ち取るのは難しいと覚えておきましょう。

それでも退去を目指した訴訟をしていかなければならないときは、**訴訟を意識した証拠づくり**が重要です。

裁判官に、いかにひどい状況かが伝わる証拠をつくっていきましょう。

どんなに賃借人の行ないが悪くても、それをどんなに主張しても、証拠がなければ勝訴判決をもらえません。

最近は家賃保証会社が増えたので、身内の連帯保証人がかなり減りましたが、今回のトラブルを解決へ導いたように、**賃借人の家族の協力は任意退去を促す場合に有効**です。

どうしても連帯保証人が確保できない場合は、緊急連絡先として賃借人から家族の連絡先を教えてもらっておきましょう。

緊急連絡先は、法律的には何の責任もありません。

ただ家族であれば、心情に訴えてトラブルが起こった際に協力してもらえることが多くあります。

連帯保証人に対して、力で押すと逃げられてしまいますが、「賃借人のためにも協力してください」という姿勢で交渉していくと、いい結果が得られやすくなります。

POINT

- **滞納以外で訴訟する場合には証拠をつくる**
- **防犯カメラを設置する場合には位置や角度もよく検討する**
- **連帯保証人や緊急連絡先になっている人を上手に利用する**
- **交渉は力で押すのではなく、前向きな解決を理由に心情へ訴える**

CASE 27

「共有部分に物件と居住者の本質が表れる」

契約者と入居者が違う！

滞納がはじまってから入居者と連絡がつかなくなった家主さんからのご相談です。

さっそく現場へ行ってみると、女性の賃借人が住んでいるドアの前には、共有部分にも関わらず、ゴミや出前の皿が置かれています。皿は洗われておらず、そのまま。賃借人の窓の柵には男性用の傘が、ぶら下がっていました。

「あれ、ここの契約者は女性なのに、男性が住んでいるみたいな雰囲気……」、単純に疑問を抱きました。管理会社の担当者に確認してみると、**「契約者ではない人が住んでいるんですよ」**との返事がありました。

へっ……（ため息）。もともとは女性が契約を交わした賃借人だったけれど、いつの間にか男性が入居者になっていたというのです。**入居者が入れ替わったのに何もしなかったのは、きちんと家賃が支払われていたから**ということでした。さらに、今の入居者の情報も、何もありません。契約書も巻き直していないので、入居者の住民票も身分証もありませんでした。しかも、家主さんにすら、その事実が伝わっていませんでした。

このような場合、基本的には**契約者と実際に入居している方、ふたりを相手に訴訟を起こす**ことになります。入居者の特定ができればいいのですが、できないときは仮処分申請などをしていかなければなりません。この手続きは、家主に一時的な経済的負担をかけてしまうだけではなく、時間もかかるので、できれば避けたい手段です。

まず、契約当事者の住民票を取得しました。運よく、この物件からの異動が完了していました。すぐに新しい住所に「滞納しているので支払って」と内容証明郵便を送ります。同時に入居者特定のため、現地調査に出向きました。

新しい物件のポストを確認してみると、名前を特定できる情報がなかったので、待ちぶせをして、契約者本人と話してみるしかありません。しばらく待ってみましたが会うことができなかったので、置き手紙を残し、出直すことにしました。

数日後、契約者の女性から事務所に電話がありました。事の経緯はこうでした。滞納がある物件に住んでいるのは、契約者の元交際相手で同棲したが解消することになり、その部屋に住み続けたくなかったので彼女が転居し、彼が今も住み続けることになった。

それがどれだけリスクがあることか彼女は理解していないようでしたが、ここで責任追及をして、逃げられてしまうと家主さんの負担が増えるだけなので、情報収集を最優先にして、滞納をはじめた現・入居者の情報を聞き出しました。彼の名前がわかったので、コンタクトを取ってみようと手紙を送りましたが、反応はありません。

こうなると、その彼が現在の入居者かどうかも定かではありません。仕方がないので、契約者に事情を話し、一緒に現場で待ちぶせをすることにしました。

数時間後、現在の入居者に会うことができました。契約者の元恋人のままでした。

部屋の中に一緒に入ってみると、あら、すごいゴミの山。彼女の怒りが沸点に達します。

その場で残置物放棄書にサインを書かせ、3日後に退去する約束をさせました。

「別れてよかった」、彼女の言葉が忘れられません。

CASE 27

予防策と解決法

明け渡しの判決で強制執行できるのは、判決書に記載された当事者のみです。

そのため、判決書に記載されていない占有者がいる場合、**また一から裁判をやり直さなければなりません。**

だからこそ、**「現在の占有者が誰か」**ということが重要になります。

今回のように、途中で入居者が入れ替わっていることは、残念ながら少なくありません。

そのために見つけたときに、すぐに対処することが大切です。

「退去してもらうか」「契約を巻き直すか」、どちらかを早急に決断しましょう。

契約を巻き直す場合、**敷金の返還先や原状回復の責任の所在**が曖昧になるので、その点を慎重に進めます。

また入居者が入れ替わったことは、どこで判断すればいいでしょうか。

これは、**共有部分に注目するとわかりやすい**です。

急にゴミが置かれるようになった、出前が増えた、傘が何本も置かれるようになったなど、この小さな変化に気がつくと、トラブルの芽を早期に摘みとることができます。

人の記憶は曖昧なので、**物件へ行くたびに、写真を撮り溜めておくといいでしょう。**

たとえば、エントランス部分や、集合ポスト、ゴミ置き場や各階の共有部分が一番入居者の状態が表れやすい部分です。

ご自身だけでなく、管理会社や清掃会社にも依頼して、いつも同じ角度から同じ写真を撮ってもらいます。

そうすることで、小さな変化にすぐに気がつくことができ、結果的に大きな損失を防ぐことができるのです。

共有部分に日常的にゴミが出ている場合、部屋の中がゴミ屋敷になっている可能性が高いと考えて間違いないでしょう。そのような部屋で、一室の天井まで、ゴミであふれていたこともありました。

前にも解説しましたが、ゴミは侮れません。

ゴミ屋敷は、リフォーム費用が高額になってしまいます。

こういったケースの場合、費用を当事者に払ってもらえる可能性は低く、家主の負担が大きくなるだけです。


ゴミの処理すらできない人は、家賃もきちんと支払いません。

共有部分の変化に気がつき、それに滞納が加わったら、被害を最小限にするためにも、すぐに法的手続きに着手しましょう。

POINT

- **「契約者＝入居者」とは限らない**
- **イレギュラーなことは放置せずにすぐ対処する**
- **共有部分のゴミは室内がゴミ屋敷になっている可能性を疑う**

不動産トラブル用語集 4

任意退去	滞納などトラブルを賃借人が起こした際、裁判手続きではなくて、賃借人（入居者）自らの意志で退去すること
明け渡し	賃貸借契約で借りていた部屋を、借主側が家主へ返却すること
強制執行	賃借人が裁判所からの明け渡し判決に従わなかった場合、強制的に明け渡しをさせる手続き
執行官	各地方裁判所に所属する職員で、裁判の執行などの事務を行なう人
単純承認	資産と負債を受け継ぐ相続の承認形態で、被相続人の死後３か月後か、遺品を処分するなど相続品に手を加えた際にそれとみなされる

第5章

リスクを回避！
オフィス・店舗物件
管理のポイント

CASE 28

オフィス、店舗賃貸の基礎知識

開店休業状態のケーキ屋さん

スイーツは、生活を豊かにしてくれるものとして日常的となりました。今や、街のいたる場所で、スイーツ店を見かけます。

そんなスイーツ店に店舗を貸している家主さんからご相談がありました。**オフィス物件として貸している駅前の店舗で、滞納が続いている**というのです。美味しいスイーツを提供されるお店のようですが、支払い状況を確認すると、確かにこの1年ほど支払いがまちまちで、かなり経営状況が悪い印象を受けました。**ここ数か月は、まったく家賃の支払いがありません。**

さらに、**定休日でない日に休んでいることも増えた**と家主さんは言います。休みが不定期になると、お客さんの足が遠のいてしまうはずです。休みがちだから売上が上がらないのか、お客さんが来ないからお店を開けないのか……。どちらにしても正常な状況ではなさそうです。しかも、**権利金（賃借人が家主へ契約時に支払う、賃料・敷金以外のお金で、一切返還されないもの）がないため、滞納分のカバーもできません。**

現場へ行ってみると、お店のシャッターが閉まっていましたが、その日は定休日ではありません。シャッターに臨時のお休みなどを知らせる貼り紙もありません。

その日のうちに内容証明郵便を送ったら、すぐに賃借人から電話がありました。

「材料が買えないからお店を開けられないんです……」

話によると、当初の見込みより売上が少なかったため、**運転資金が不足して、あっという間に経営を圧迫。材料も買えないので、商品をつくれない**とのことです。それでも営業を再開してもらえるよう色々なアドバイスや提案をしてみましたが、賃借人は完全にやる気を失っていました。連帯保証人は母親と叔母です。「裁判になれば、ふたりにも迷惑かかるよ」と言っても、「仕方がないです……」と力がありません。

そのため、連帯保証人のおふたりに相談すると、出てくる、出てくる、賃借人夫婦に対する不満が炸裂です。

「一緒に夢が見たいと思って老後の資金を援助した」「あっという間に『お金がなくなった』と言われた」「滞納については何の連絡もなかった」「計画性がなさすぎる」などなど。

年金暮らしに加えて、貯金をすべて渡してしまったので、滞納額の支払いもふたりで月1万円が精一杯だと言います。それでも迷惑をかけてしまったことに、何度も何度も謝罪をしてくださいました。

賃借人は、**店を閉めることに異論はないものの、大型の冷蔵庫やオーブンなどを撤去する費用がない**と開き直ります。その点は私が付き合いのある業者さんに頼み、店舗内の物を買い取ってもらうことに成功。その費用で、お店の中をスケルトン状態にしてもらうことができました。

まだ30代前半の賃借人と奥さん。夢破れた先をどうするのかと聞くと、力なく「生活保護をもらいます」とひと言。最後まで謝罪の言葉はありませんでした。

CASE 28

予防策と解決法

脱サラする人が増えました。

一時期に比べて店舗の権利金が安くなった影響か、運転資金を貯めないまま開業してしまう人が多いような気がします。

ご自身で開業資金を計画的に貯めた人は、開業後もスムーズに経営してくのかもしれませんが、とくに身内からお金を借りた人は計画性に欠ける傾向があります。

今回のトラブルの場合も、滞納者が自分たちで運転資金を貯めたわけではありませんでした。身内と融資からダブルでお金を集め、ほぼ自己資金なしでお店をオープンしていました。

このようなケースでは、最初からお店にお金をかけすぎて、運転資金が足りなくなってしまうようです。

貸店舗物件の滞納がはじまる時期として多いのは、オープンして2年以内です。軌道に乗る前に、運転資金が底をついてしまうパターンがほとんどです。

貸店舗物件は、居住用物件より空室が目立ってしまいます。

またオフィス物件の場合、店舗がコロコロ変わってしまうと、物件に悪いイメージがついて借り手がつかなくなってしまいます。そのため、より慎重に店子《たなこ》を探さなければなりません。

まずは権利金をある程度まとめてもらうようにしましょう。

また資金計画などについて契約前にプレゼンをしてもらい、家主さん自身がきちんと審査をすることが大切です。

最近では、居抜きで飲食店を貸すことも増えました。

前賃借人はスケルトンにする費用がかからず、新賃借人は開業資金を大幅に減らすことができるからです。

しかし、いいことばかりではありません。何かトラブルがあった場合、退去時の原状回復費などの責任の所在をどうするか、きちんと契約書で明確にしておくことが重要です。とくに厨房機器は、扱い方次第で大きな事故につながることがあるので、特約でしっかりと保全しておきましょう。

また、店舗内の物の所有権は誰が保有するかについてもよく検討します。

居抜きの場合、借り手も簡単に考えてしまいがちなので、家主側がきっちり法律武装をする必要があります。

POINT

- **買い取り業者など人脈を増やすと店舗撤退時に役立つ**
- **権利金をもらい、貸してから2年ほどは、支払い状況にとくに注意する**
- **居抜きで貸す場合は、契約書を必ずカスタマイズして法律武装する**

CASE 29

外国人賃借人とトラブルにならないためには？

堂々と家賃を滞納

「もう勘弁してほしいのよ」

家主さんが困った顔でご相談に来られました。

賃借人は外国人の女性経営者。 **店舗物件への滞納が改善しない**ということでした。困っているのは、滞納自体よりも賃借人の執拗なまでの抵抗だと言います。

契約直後から滞納がはじまり、**1年の間に賃借人が払った賃料は、たった1か月分ほど**です。

賃借人の日本語は、カタコト。督促に行くと、

「出ないよ、ワタシ出ない。帰って、帰って」

たしかに、こちらが疲弊してしまうくらい、連呼されます。

賃借人の言い分は、**お店の開店のため内装にとても費用がかかったので、家賃まで手がまわらない**というものでした。

どう考えてもデタラメな言い分なので、毅然と家賃の支払い責任を追及しました。

しかし……、「出ないよ、ワタシ出ない。帰って、帰って」の繰り返し。

もう話になりません。家主さんの「もう勘弁してほしい」という気持ちが痛いほどわかりました。

とりあえず、訴訟手続きを進め、退去してもらうことにしました。

裁判当日、賃借人は今までと同じように「出ない」を連呼します。裁判官も困り果て、「支払い条件をつめて和解するのはいかがですか」と提案がありました。

このまま判決が言い渡されたとしても、この状態では、絶対に仮執行宣言（判決が確定しなくても強制執行できるというもの）はつきません。そうなれば必ず控訴されてしまい、

結局、滞納額がどんどん加算されていってしまいます。

ここは相手方の懐に入って、和解したほうがいいかもと思いました。あとはどれだけスムーズに強制執行できるようにするか、裁判所ではそのことで頭をフル回転させました。

司法委員（簡易裁判で和解をする際、和解の公平性をより高めるために審理に立ち合って裁判官の補助を務める民間人）を入れた和解では、こちらに有利な内容で和解することができました。

しかし、**1回目、2回目の支払いがまとまって入金された後、また滞納がはじまりました。**

そこでこちらは、間髪を入れず、強制執行の申し立てを行ないました。

強制執行の催告日も「出ない、出ない」と賃借人は叫んでいましたが、執行官に諌《いさ》められ、やっと落ち着きを取り戻していました。

1か月後の断行日には、無事に明け渡しが完了。

法的手続きがなければ、とても解決はできない事案の典型例でした。

CASE 29

予防策と解決法

外国籍だからという訳ではありませんが、やはり**感覚の差**というのはあると思います。

外国籍の方が賃借人の場合、カタコトで日本語が話せたとしても、国民性の違いもあり、**細かいニュアンスまで伝えるのは難しい**です。

外国籍の方へ物件を貸す場合には、**外国籍の賃借人用の詳細な「取り扱い説明書」**を作成しましょう。当たり前だと思うことも、丁寧に記載します。

たとえば、

- **家賃は必ず前月末までに翌月分を支払う**
- **支払わない場合は退去**
- **靴は玄関で脱ぐ**
- **ゴミの分別の方法と回収日について**

- **台所で料理をするときは換気扇をまわす**

などです。

このように事細かに、**箇条書きにして母国語に訳して渡します**。「この条件が守れるなら貸します」というように具体的に提示し、署名してもらいましょう。まずは英語・中国語・韓国語などを準備しておけば十分だと思います。

日本人の常識が、彼らにとっての常識とは限りません。後々トラブルになることを避けるためにも、できるだけ詳細な「取り扱い説明書」を用意しましょう。

これだけで、多くのトラブルが避けられるはずです。

それでも相手方が約束を守らなかった場合には、書面を見せて「約束を破りましたね」と退去を迫れば、**裁判になったときに、かなり有利な証拠**にもなります。

物件明け渡しの裁判の場合、判決には原則、仮執行宣言がつきません。

仮執行というのは、判決が確定しなくても強制執行できるというものです。

家主さんからすれば、判決後すぐに強制執行したいところですが、この仮執行宣言がつかなければ判決が確定するのを待たなければなりません。２週間以内に控訴されなければ、判決が確定し、そのタイミングで強制執行の申し立てができるようになります。

今回のケースのように、**あっさり出て行ってくれそうもない相手は、時間稼ぎに控訴してくる可能性があります**。その場合は、判決ではなく、裁判上で和解するのもひとつの方法です。

「和解」と聞くと、負けた気がするかもしれませんが、そうではありません。

決めた和解通りに相手方が従わなければ、その段階ですぐに強制執行することができ、結果的に、判決より早く強制執行に着手できる場合が多くあります。

この点も選択肢として、頭の中に入れておきましょう。

POINT

- **外国籍の方で日本語が話せても、細かいニュアンスを伝えるのは難しい**
- **外国籍の方に貸す場合は、「取り扱い説明書」を提示し署名をもらう**
- **和解も有益な解決方法だと認識する**

CASE 30

「法人の代表者が亡くなってしまったら？」

賃借人と連帯保証人が同一人物!?

日本の企業の大半が中小企業です。そのため会社契約の場合、代表者個人が連帯保証人になることが多いでしょう。その場合、**会社と代表者個人はほとんどが同一人物のようなものなので、いざというとき、連帯保証人の役目を果たしてもらえない**ことがあります。

会社にワンルームを貸している家主さんからご相談を受けました。**滞納がすでに数か月分ある**と言います。連帯保証人である会社代表者の自宅へ行ってみると、自宅はすでに競売で第三者の手に渡っていました。督促しようにも、**本人に会えない状態**ということで、ご相談をいただきました。

家賃の支払い状況を確認すると、賃借人はここ1年ほど、かなり支払いに苦しんでいたようです。まずは内容証明郵便で、契約を解除する手続きに入りました。同時に現場へも行ってみました。

現場のワンルームは、事務所として使われていました。ポストにはたくさん郵便物が入っていて、請求書もたくさんあるようでした。金銭的にかなり追いつめられていたのでしょう。法律事務所からの封書も何通か入っていました。

社長個人に電話をしても、すぐに留守番電話になってしまいます。自宅もすでに人手に渡っているので、現在の住まいを探さなければなりません。職務上請求で住民票を請求してみました。郵送で請求した住民票が、数日たっても届きません。何か郵便事故かと思い役所に問い合わせると、「記載に時間がかかっていて、まだ送付していない」とのこと。

さらに数日たって、ようやく住民票が届きましたが、愕然としました。**代表者個人が亡くなっていたのです**。死亡手続きがあったため、住民票の到着が遅れたようです。「こんなことってあるの……」と驚きましたが、こうなれば時間との闘いです。

慌てて戸籍謄本などを取得すると、1年ほど前に離婚もしています。まだ小学校低学年の娘さんがふたりいらっしゃるようでした。元奥さんに連絡をとって相続状況を確認してみると、お子さんたちの**相続権は放棄されるとのこと**。

一方、**法人はというと、幸運にも役員がもうひとりいた**ので、その方を探し出し、会いに行ってみました。その役員の方は非常にいい方で、こちらにとても協力的です。法人の経営状態は悪く、今回を機にもう解散するとのこと。法人の印鑑もお持ちだったので、解約書面に押印をしてもらいました。事務所の中も片づけたいという要望もあったので、期限を決めて必要な物を持ち出してもらい、残りの物は残置物放棄書で対応させてもらうことができました。

今回のトラブルは、役員がもうひとりいらっしゃって、かつ協力的な方だったので助かりましたが、これが亡くなられた賃借人ひとりの法人だったらどれだけ時間がかかっていたことか……考えただけでもゾッとします。

CASE 30

予防策と解決法

会社法が改正されて、資本金の額に関係なく、役員ひとりでも会社を設立することができるようになりました。

法人（会社）が部屋を借りる場合、ほとんどの代表者が個人保証をします。

ただ日本の場合、個人商店的な法人が多いので、その経営が傾いたときは、同時に個人の資産もほとんどなくなっている場合が通常です。

そのため**代表者が連帯保証人だと、滞納がはじまった際、保証人は保証人たる役目を果たしません**。

できるなら**代表者以外の人に、連帯保証人をになってもらうことをおすすめします**。

代表者が亡くなっても、法人は存続します。次の代表者を選任するからです。

代表者の選任方法は、「取締役会設置会社」かどうかで大きく違います。

取締役会設置会社の場合には、取締役会で次の代表者を選任します。この場合には、新しい代表者が法人を運営していくので、問題ありません。

一方、取締役会非設置会社の場合は、定款に規定されている選任方法によって、代表者を選んでいきます。株主総会で選任する場合もあれば、取締役の一致で選任することもあります。

大半の中小企業が、後者の取締役会非設置会社です。

株主総会での選任で、亡くなった代表者1名が株主の場合は厄介です。株主たる地位は相続の対象ですが、**賃料の滞納があるような状態だと法人の借金もたくさんあることがほとんどなので、相続放棄され、法人の実体もなくなり、賃貸借契約の解約の手続き先がなくなってしまうからです。**

また取締役が滞納者である代表者のみの、ひとり役員の場合もあります。その場合、法人の代表者がいなくなってしまうので、裁判所に取締役の職務を行なう者を選任してもらわなければなりません。すぐに専門家に相談しましょう。

このように、法人に物件を貸す場合はリスクがあるので、あらかじめ必ず法人の「履歴事項全部証明書」（登記事項の経緯すべてが記載されたもの）を確認しましょう。これは、**法務局で誰でも取得することができます**。

繰り返しになりますが、役員がひとりの場合は、要注意です。**できるだけ法人と関係ない人を、連帯保証人として出してもらいましょう**。

また、法人の履歴事項全部証明書から、色々な情報が得られます。たとえば本店、目的や資本金も明記されています。**法人の目的と今回借りる部屋との整合性があるかどうか**、ここもその法人に貸すかどうかを判断する大きなポイントになります。

現在の法人の本店所在地が近くなら、実体があるかどうかの確認のため、現場を見に行ってみるのもいいかもしれません。

POINT

- **法人に貸す場合は、契約の前に法人の履歴事項全部証明書を確認する**
- **法人の目的と、入居希望物件の整合性を確認する**
- **連帯保証人は法人と関係のない人を選ぶ**

CASE 31

「自営業の賃借人によくある気をつけたいケース」

強制執行当日のランチまで営業

大阪の繁華街の外れにある居酒屋さん。昼のランチと夜の居酒屋タイムはよく流行っています。創業30年で、店主のご夫婦もずいぶん年を重ねられました。

この数年、流行っているのに家賃が滞りがちとのこと。**権利金が1000万円**入っているので、家主さんは滞納に気づいていながらも安心していましたが、少し気になって計算してみると、**滞納額が500万円近くになっていました。**

繁盛しているはずなのに、どうして滞納が……。**改善されなければ、あっという間に権利金がなくなってしまう**と、ご相談がありました。

残念なことに、**30年前の最初の契約から、巻き直しはありません**でした。

当初は賃借人の兄が連帯保証人でしたが、それも30年前のこと。連帯保証人の住民票を請求してみましたが、「該当なし」で戻ってきます。30年の間に引越しをされたのでしょう。

転居した場合、もともとの住所地の住民票は、5年間保存されます。しかし逆を言えば、5年で廃棄されてしまうので、賃貸トラブルに役立つ手がかりがなくなってしまいます。

せっかく連帯保証人がいるのに、まったく責任を追及できない状態です……。


内容証明郵便を送ると、すぐに連絡がありました。

「権利金があるんやから、それ使ったらええやん」

いやいや、**権利金は滞納の担保ではありますが、賃借人側から滞納に充当してください、と言える権利はありません。**

そのことを伝えると、「長いこと借りてるんやし、自分らも老後のお金を貯めなあかんのや」とあくまでも自分たちの考えを主張してきます。**賃借人のご夫婦は、すでに80歳前後。**そろそろ引退することも頭にあるのかもしれません。

滞納額を払ってもらえそうにもなかったので、訴訟に移行しました。被告側は何も反論してこなかったので、あっさり**明け渡しの判決が言い渡されました。**

それでも賃借人ご夫婦は、日々の営業を続けます。連日それなりの売り上げがありそうな繁盛ぶりでしたが、それでも1円も家賃を払ってくれません。

強制執行の催告日、もちろんお店は営業をしていました。

執行官から手続きの流れを聞いた賃借人が発した言葉は、「断行は15時にしてくれへんか」。理由は、病院に行くとか脈絡のない色々なことです。結果的に、断行は賃借人の希望通り、1か月後の15時となりました。

断行当日。通常通り、30分前に関係者が集合しました。

そのとき、お店はランチ営業真っ盛り。いつも通りの営業をし、14時50分、賃借人は洗い物もそのまま、鍋の油も熱いまま、エプロンを脱ぎながらお店を後にしました……。

CASE 31

予防策と解決法

権利金や敷金があると、家主さんは滞納しても少し安心してしまう傾向があるようです。しかし、このお金を滞納に補てんしてしまうと、滞納はどんどん増えていきます。賃借人側が、**払わなくてすむと認識してしまう**からです。

余程のことがない限り、権利金や敷金を滞納分に補てんしてはいけません。滞納があれば、適切に督促をし、これ以上滞納額が増えないようにしていきます。それでも**改善されなければ、早い段階で法的手続きに移行**しましょう。

今回のご夫婦は、お店をいつやめるか、そのタイミングを考えていたようです。体との相談、気力との相談、年齢との相談、将来の生活との相談……。これらを考えると、少しでも手元にお金を残しておきたかったのでしょう。

しかし、このタイミングで家主さんが訴訟をしなければ、おそらく権利金が底をつくまで賃借人は営業を続けていたと思います。

自営業の場合、定年がありません。

そのため、「やめる日」を自分で決めなければなりません。

別の飲食店のケースでも、滞納で法的手続きに入ったとき、「やめる踏ん切りができた」と言われました。

経営的にも苦しくなり、そろそろ引退しようと思っても、日銭が入ってくるし、決心がつかない……。

そんなとき、滞納がきっかけで否が応でも「店を閉めなければならない」状況になったことでスッキリしたと、その飲食店の店主は言いました。この店主の年齢は、70代後半でした。

繰り返しになりますが、預かったお金はあくまでも預かったお金、それが権利金です。絶対に滞納分に補てんしてはいけません。

また滞納している賃借人側から「権利金で補てんしてください」と依頼があったとしても、断固として断りましょう。

しつこいようですが、**預かったお金はあくまでも預かり物。払うべきものは払ってもらう**、これが鉄則です。

POINT

- **預かった権利金が多くても安心しない**
- **店舗物件にはときどき顔を出して賃借人とコミュニケーションをとる**
- **滞納分の補てんに敷金や権利金を使わない**

不動産トラブル用語集 5

相続	亡くなった人の財産や権利、義務を相続人が包括的に承継すること。賃貸契約や連帯保証人たる地位も相続の対象となる
断行	強制執行の手続きで、室内の物を完全に搬出して撤去し、入居者が室内に立ち入れない状態にすること
家賃改定	現在の家賃料を変更すること。一般的に、借り上げの場合には、２年ごとの家賃改定の機会が定められている
解約書・残置物放棄書	明け渡しの際に、これらの書面がなければ、裁判による契約解除が必要なので、迅速な解決のために必要な書面
契約書の巻き直し	賃借人が、入居当初に賃貸仮契約書を交わした人と別の人になった場合、新しい入居者と賃貸借契約を交わし直すこと

おわりに

思い返せばこの15年間、司法書士として、本当にたくさんの賃貸トラブルの現場に通いました。まさか私が、こんなにもたくさんの困っている家主さんや賃借人の方々と向き合うとは、想像もしていませんでした。

私の社会人生活は、オリックス・ブルーウェーブ（現オリックス・バファローズ）の球団広報からスタートしました。そして、退職後に結婚、専業主婦として息子を出産。その息子が生後6か月になった頃、離婚。手に職があるわけでもなく、学歴があるわけでもなし。専業主婦で乳飲み子を抱えた私を、誰が雇ってくれるのでしょう。息子が「大学に行きたい」と思ったときに〝お金がないから〟と言いたくない、そう思った私は、働きながら「司法書士」の資格を取る一大決心をしました。

なんて無謀なことを思いついたんだろう……。学生時代に成績がよかったわけでもなく、法学部だったわけでもありません。今振り返ると、その無謀さがわかりますが、当時は目標に向かって、ただただ、前しか見ていませんでした。

案の定、現実は甘くない。極貧生活の中で、保育所に通う息子とネズミがちゅうと鳴くアパート暮らし。昼間は事務の仕事をして、夜に勉強するというスタイル。常に睡眠不足のなか、落ち続けること4回。心が折れそうになりながらも、「合格さえすれば、この極貧生活から抜け出せる」、その一心でした。

そして、平成13年、丸6年間の受験生活を終え、ようやく司法書士試験に合格しました。当時の私は36歳、息子は小学1年生になっていました。

「合格さえすれば大丈夫」の一念でここまできましたが、実務経験がなく、小学生の子供をもつシングルマザー。さらに年齢も加わり、履歴書をいくら送っても面接すらしてもらえない日々。失業保険が途切れる直前、32通目の履歴書で、ようやく、今も尊敬してやまない中野和彦先生の事務所に拾ってもらえました。

働きながら実務を学んでいくので、給与は高くありません。だから、「年収を上げるためには、自分で仕事をとってこなければ」、そう思った私は、土日に不動産業者さんの飛び込み営業をしました。ところがこれも浅はかな考え。そもそも不動産業者さんには、お付き合いのある司法書士がいるものです。新参者が入り込める余地はありません……。

失意のなか、偶然にも家賃を払ってもらえず困っている営業マンと出会いました。

「司法書士も裁判業務ができるんです！　明け渡しの訴訟手続きもできます！」

知識はあるものの、一件も実務を経験していない状態でしたが、食らいつき、何とか事件を受託できました。さぁ、そこからが試練のはじまり。なんといっても初めてなので、頭を悩ませながら、模索しながら経験を積んでいきました。怒鳴られ、帰り道に泣きながら歩いたこともしばしば。もう無理……そう折れそうなとき、また救世主が現れます。

最初の強制執行で出会った、執行業者・近畿商事の会長です。

「先生、何でも聞いてください」

その社交辞令のような会長の言葉にしがみつき、わからないことがあれば、いつも電話で実務のことを教えてもらいました。怖い案件のときは、用心棒で同行してもらったこともあります。裏社会の人の滞納案件では、会長が守ってくれました。明け渡しの実務以外でも、滞納者に対する接し方や愛ある対応を学ばせてもらいました。会長と出会っていなければ、私はここまでやってこられなかったのは間違いありません。

「いつかちゃんと恩返しするから、一人前になるまで待っていてね」、そう思い続けていましたが、何も恩返しできぬまま、会長は2年前に若くして亡くなってしまいました。お亡くなりになる直前までやりとりしていた携帯電話のメッセージは、今でも私の宝物です。

建物明け渡しの手続きの現場では、家族関係の薄さを、何度も目の当たりにしてきました。強制執行の現場では、戸籍のない子供にお弁当を買ってきたこともあります。高齢者の滞納者のために、一緒に次の部屋を探したこともあります。怖かったこと、怒鳴られたこと、さらには滞納者に泣かれたこともあります。

それでもいつか「太田垣と会って、あのタイミングで退去したからよかった」、そう思ってもらえるよう、滞納者に寄り添ってきたつもりです。手続きとはいえ〝住む〟という生活の現場には必ずドラマがあります。だから、大阪の世話焼きおばちゃんと呼ばれても結構！　これからも人と向き合いながら現場に立ち続けたいと思います。

滞納者が退去に追い込まれる一方で、知識不足のせいで、トラブルに巻き込まれる大家さんも少なくありません。今、不動産投資ブームですが、トラブルに巻き込まれればたちまちローンの返済にも支障が出てしまいます。不動産管理会社からの相談も増えました。「現場のことをもっと知ってほしい」「色々なケースを疑似体験してトラブルの芽が小さなうちに摘み取ってほしい」、これがこの本を書こうと思った原動力です。

賃貸経営に携わるすべての方が知識を携え、賃貸トラブルがこの世からなくなってくれること、これは私の夢でもあります。

最後に、原稿を書く私のために実務をがんばってくれた事務所のスタッフ、そしてそばで見守ってくれたパートナー、そしてそして応援してくれる大家さん！ たくさんのみなさまに支えられてきました、心から感謝の気持ちでいっぱいです！ あやちゃん先生、これからもがんばります!!

2017年12月

司法書士　太田垣章子《おおたがきあやこ》

巻末付録

「いつ」「何を」「どうするか」がわかる！

滞納発覚後の手続きフローチャート＆手続き書面テンプレート（ダウンロードURL付き）

滞納発生

↓

- ① 督促状（1回目）の送付 → 全額入金あり
- ↓
- ② 督促状（2回目）の送付 → 全額入金あり
- ↓
- ③ 内容証明（通知書）の送付 ※3か月分 → 全額入金あり

全額入金あり → ④ 継続の確約書の取り交わし

③ ↓ 任意退去へ → **支払いなし退去せず** → **法的手続きへ** 司法書士へご相談ください

任意退去へ ↓

- ⑤ 賃貸借契約の解約書
- ⑥ 残置物放棄書の取り交わし

↓ 滞納賃料が残っている場合

- ⑦ 分割払い確約書、または督促状の送付

POINT

- 書類は連帯保証人へも送りましょう
- ①～⑦の書面は、次頁以降のサンプルをご参照ください

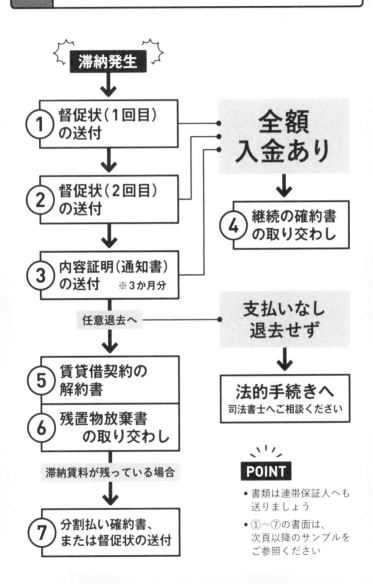

① 1回目の督促状（貸借人用） サンプル

平成２９年○月○日

○○アパート　○号室
○○　様

（差出人住所）
（差出人氏名）
ＴＥＬ　○○

前略
　平素は○○アパートをご利用いただきまして、誠にありがとうございます。

　さて、平成２９年○月○日入金期限の○月分賃料（金○○円）ですが、本日時点で入金の確認が取れておりません。大変恐れ入りますが、いま一度ご確認のうえ、至急のお振込みをお願いいたします。

振込み先
○○銀行××支店
普通○×△□○×
名義人（氏名）

　以上、お電話にてご連絡を差し上げましたが、つながらなかったため、取り急ぎお手紙にて失礼いたしました。

　本状と行き違いにご入金をいただいていた場合は、何卒ご容赦ください。
　よろしくお願いいたします。

草々

※書面データは、http://www.onayami.co.jp からダウンロードできます

2回目の督促状（貸借人用）　サンプル

②

平成２９年○月○日

○○アパート　○号室
○○　様

（差出人住所）

（差出人氏名）

ＴＥＬ　○○

前略
平素は○○アパートをご利用いただきまして、誠にありがとうございます。

平成２９年○月○日入金期限の○月分賃料（金○○円）が未納となっていた件につきまして、○月○日にお手紙を差し上げましたが、その後もご入金がなく、ご連絡もいただけず、遺憾に思っております。

また、○月分賃料の入金も確認できず、現時点で滞納賃料が２ヶ月分となっております。


つきましては、○月分・○月分賃料計○円を、至急お振込みください。


このままお振込みいただけない場合は、法的措置等も検討せざるを得ません。

何かご事情がおありなのであれば、お話をおうかがいしますので、一度ご連絡いただけないでしょうか。

よろしくお願いいたします。


本状と行き違いにご入金をいただいていた場合は、何卒ご容赦ください。

草々

【振込み先口座】
○○銀行　○○支店
普通　○○○
名義　○○

※書面データは、http://www.onayami.co.jp からダウンロードできます

③ 内容証明(通知書) サンプル

通知書

平成２９年○月×日

被通知人
　○○　殿

通知人　○○

　下記の事項を通知いたします。

記

1　私は貴殿に対し後記建物を後記約定で賃貸していますが（以下「本件賃貸借契約」といいます)、本日現在、賃料等金○万円のお支払いがありません。

2　つきましては、上記金額全額を本書面到達後７日以内に下記口座まで振込み入金いただきますようお願い申し上げます。
　○○銀行　○○支店　普通　（口座番号）
　名義

3　万一、上記期間内に滞納額全額のお支払いなきときは、法的措置に着手いたします。

以上

1、賃貸物件
　東京都○○区○○町○－○
　○○アパート○号室
2、賃料
　1ヶ月　金○万円（共益費込み）
3、家賃支払期日
　毎月末日までに翌月分を支払う

※書面データは、http://www.onayami.co.jpからダウンロードできます

④

継続の確約書　サンプル

確約書

賃貸人　　　　　　　　　　　　　殿

平成　　年　　月　　日

私は以下を認諾し、滞りなく履行することを確約いたします。

記

1．私、○○は、貴殿より後記建物を家賃1ヵ月金○○円（共益費込）の条件で賃借していることを認諾します。
2．数ヶ月にわたり家賃等の支払いを遅延してきましたが、今後は上記家賃等を、毎月○日までに翌月分を確実に支払います。
3．本確約書を履行できないときは、賃貸借契約を解除されても異議はありません。またその際は任意に建物を明け渡すことを確約いたします。

【物件の表示】
東京都○○区○○町○－○
○○アパート○号室

以上

賃借人

住　所..

氏　名..　印

※書面データは、http://www.onayami.co.jp からダウンロードできます

5 賃貸借契約の解約書 サンプル

賃貸借契約解約通知書

平成　　年　　月　　日

賃貸人　　　　　　　　　　　　様

下記物件につき次の通り解除を申し入れます。建物内に残置物があった場合、その所有権を放棄し、賃貸人においていかなる処分をしても異議申立をせず、処分に費用がかかった場合は、その費用を負担します。

記

【物　件】東京都○○区○○町○－○
○○アパート○号室

【賃　料】月＿＿＿＿＿＿円

【退去日】平成＿＿年＿＿月＿＿日

【賃借人】＿＿＿＿＿＿

転居先住所＿＿＿＿＿＿＿＿＿＿＿＿＿＿＿＿

氏名＿＿＿＿＿＿＿＿＿＿＿＿＿＿　印

(連絡先：＿＿＿＿－＿＿＿＿－＿＿＿＿)

※書面データは、http://www.onayami.co.jpからダウンロードできます

残置物放棄書　サンプル

⑥

放 棄 書

平成　　年　　月　　日

東京都○○区○○町○－○　○○アパート○号室につき、室内の残置物の所有権を放棄します。処分されても何ら異議申し立ていたしません。

以上

住所..

氏名...　印

※書面データは、http://www.onayami.co.jpからダウンロードできます

⑦ 分割払い確約書(貸借人用) サンプル

確約書

平成　　年　　月　　日

賃貸人　　　　　　　　様

わたし、＿＿＿＿＿＿＿＿は、次のとおり確約いたします。

第1条　東京都○○区○○町○－○　○○アパート○号室の賃貸借契約（以下、「本件賃貸借契約」といいます）につき、賃料滞納で契約を解除されたため、平成＿＿年＿＿月＿＿日までに明け渡すことを確約します。

第2条　建物内に残置物があった場合、その所有権を放棄し、賃貸人においていかなる処分をしても異議申立をせず、その処分にかかった費用を負担します。

第3条　本件賃貸借契約につき、滞納額は、金＿＿＿＿円（平成＿＿年＿＿月分まで）であることを認諾します。原状回復費が発生した場合にも、当然に負担いたします。

第4条　前条の支払いにつき、次の通り確約します。

1．毎月末日までに金＿＿＿＿円以上（支払開始月　平成＿＿年＿＿月）

2．振込み先　（振込み手数料負担）

○○銀行　○○支店　普通　（口座番号）

名義（　　　　　　　　　　）

ﾌﾘｶﾞﾅ（　　　　　　　　　　）

3．可能な限り繰上げ返済し、早期に完済するよう努力する

②原状回復費については、一括でお支払いします。

第5条　前条を履行しなかったときは、法的手続きに着手されることを認諾した上で、履行を遵守します。

以上

住　所＿＿＿＿＿＿＿＿＿＿＿＿

氏　名＿＿＿＿＿＿＿＿＿＿＿＿　印

転居先＿＿＿＿＿＿＿＿＿＿＿＿

（連絡先：　　－　　－　　）

※書面データは、http://www.onayami.co.jp からダウンロードできます

【巻末付録 手続き書面テンプレートのダウンロード方法】

①インターネットで http://www.onayami.co.jp へアクセス
↓
②「あやちゃん先生の賃貸お悩み相談室」のTOPページが表示されます
↓
③メニューの「ファイル」をクリック
↓
④必要な手続き書面をダウンロードしてください

【連絡先】
章(あや)司法書士事務所
〒102-0074
東京都千代田区九段南4丁目5番14号 九段芦川ビル2階
☎03-5215-7656　受付時間／9:00〜18:00
(土・日・祝日および事務所指定定休日をのぞく)

太田垣章子（おおたがき　あやこ）
章（あや）司法書士事務所代表。司法書士。株式会社R65＋取締役。
家主側の訴訟代理人として、延べ2000件以上の悪質賃借人追い出しの訴訟手続きを受託してきた、賃貸トラブル解決のパイオニア的存在。トラブル解決の際は、常に現場へ足を運び、訴訟と並行して悪質賃借人と向き合ってきた。その徹底した現場主義から、多くの大家さんの信頼を得る。また、10年前から『全国賃貸住宅新聞』に連載をもち、特に『司法書士太田垣章子のチンタイ事件簿』は６年以上にわたって人気のコラムとして今なお連載中。他にも三井不動産をはじめ、各ハウスメーカーが発行する大家さん向け会報誌に、相続問題や賃貸トラブルの解決・予防に関する記事を年間30本以上寄稿。さらに、年間50回以上、計600回以上にわたって、５万人以上の大家さんおよび不動産管理会社の方向けに「賃貸トラブル対策」に関する講演も行なう。現場を知り尽くす司法書士ならではの臨場感のある事例と実践的なノウハウを公開する講演は、受講者の心をつかみ、常に満席、立ち見が出るほどの人気がある。

【章（あや）司法書士事務所】http://www.ohtagaki.jp
【株式会社R65+】http://www.r65plus.com
【あやちゃん先生のひとり言】http://ameblo.jp/ohtagaki
【あやちゃん先生の賃貸お悩み相談室】http://www.onayami.co.jp

2000人《にん》の大家《おおや》さんを救《すく》った司法書士《しほうしょし》が教《おし》える
賃貸《ちんたい》トラブルを防《ふせ》ぐ・解決《かいけつ》する安心《あんしん》ガイド

2017年12月20日　初版発行

著　者　太田垣章子
発行者　吉田啓二

発行所　株式会社日本実業出版社　東京都新宿区市谷本村町３-29 〒162-0845
大阪市北区西天満６－８－１ 〒530-0047
編集部　☎03-3268-5651
営業部　☎03-3268-5161　振　替　00170-1-25349
http://www.njg.co.jp/

印刷／理想社　　製本／共栄社

この本の内容についてのお問合せは、書面かFAX（03－3268－0832）にてお願い致します。
落丁・乱丁本は、送料小社負担にて、お取り替え致します。

ISBN 978-4-534-05549-1　Printed in JAPAN

日本実業出版社の本

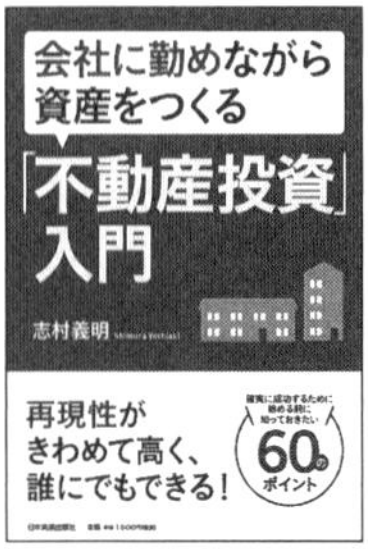

会社に勤めながら資産をつくる「不動産投資」入門

●志村義明
●定価本体1500円(税別)

サラリーマンをしながらアパート・マンション経営で5億の資産を築いた著者が、勤めながら資産をつくる不動産投資の基本ノウハウを丁寧かつ詳しく紹介。自身のブログで特に多い質問を中心にQ&A形式で解説。まず知っておきたいポイントがよくわかります！

これならわかる改正民法と不動産賃貸業

●中島成
●定価本体1100円(税別)

制定以来、121年ぶりということもあって、さまざまな分野への影響が予想される改正民法。本書では、特に不動産管理業者、賃貸ビル経営者、アパート・マンションのオーナー向けに、保証や修繕義務、敷金の取扱い等の改正点と契約上の留意点について解説します。

最新「金持ち大家さん」になる！アパート・マンション満室経営術

●浦田健
●定価本体1500円(税別)

入居者募集戦略、入居者ニーズへの対応、さまざまなリスクへの対処法、上手な節税のやり方などまで、「満室経営」を実現＆維持するためのノウハウが満載の1冊。日本初の不動産投資専門資格である「不動産実務検定（2級）」の参考書としても最適です。

定価変更の場合はご了承ください。